KOCH MAL WIEDER

Gemüse

Sonderausgabe

Abkürzungen

EL	Esslöffel	TK	Tiefkühl...
TL	Teelöffel	kcal	Kilokalorien
kg	Kilogramm	kJ	Kilojoule
g	Gramm	EW	Eiweiß
mg	Milligramm	F	Fett
l	Liter	KH	Kohlenhydrate
ml	Milliliter	Bd.	Bund
cl	Zentiliter	Msp.	Messerspitze
gestr.	gestrichen	1 kJ = 0,239 kcal	
geh.	gehäuft	1 kcal = 4,184 kJ	

Impressum

Alle Angaben wurden sorgfältig recherchiert, eine Garantie kann jedoch nicht übernommen werden.

Umschlaggestaltung und Layout: h3a GmbH, München

ISBN 978-3-8174-8206-1
2011 2012 2013 2014 2015 10 9 8 7 6 5 4 3

Inhaltsverzeichnis

Gemüse von A–Z 4

Kleine Gerichte 7

Suppen & Salate 25

Gemüse mit Nudeln, Reis & Co. 43

Gemüse aus Topf & Pfanne 61

Gemüse aus dem Ofen 81

Register 96

Gemüse von A-Z

Wie wird eigentlich Gemüse definiert? Als Grundregel gilt, dass alle für den menschlichen Verzehr geeigneten Pflanzenteile (Blätter, Stängel, Wurzeln, Knollen) von einjährigen, krautigen und meist kultivierten Pflanzen in diese Gruppe fallen. Paprika, Tomaten, Zucchini, Auberginen, Kürbisse und Gurken bilden Ausnahmen. Sie sind botanisch zwar den Früchten zugeordnet, aufgrund ihrer mangelnden Süße und Säure werden sie aber dem Fruchtgemüse zugerechnet.

Aubergine Nachtschattengewächs. Neben den großen dunkelvioletten Sorten gibt es kleinere weiße, zartviolette, cremefarbene oder erbsengroße grüne Sorten. Hoher Solanin- und Bitterstoffgehalt, daher gegart verzehren. Saison Juni bis September.

Blanchieren kurzes Eintauchen in sprudelnd kochendes Wasser. Geeignet für Gemüse mit kurzer Garzeit wie Spinat. Anschließend eiskalt abschrecken.

Blattgemüse Verzehrt werden Blätter, blattartige Pflanzenteile oder Stiele; z. B. Salate, Spinat oder Mangold.

Blumenkohl feste, von Schutzblättern umhüllte Röschen. Mild im Geschmack und leicht verdaulich. Saison Juni bis Oktober.

Braten in der heißen Pfanne in Butter, Öl o. Ä. Gemüse erhält eine geröstete Kruste und bleibt innen saftig.

Brokkoli lose Röschen an Zweigenden. Sattgrüne Farbe mit fest geschlossenen Blüten. Saison Juni bis Oktober.

Chicorée kolbenförmige Sprossen, die als Salat, gefüllt oder überbacken zubereitet werden. Saison Oktober bis April.

Chinakohl ovale Köpfe mit länglichen, weißen bis hellgrünen Blättern, dicken Blattrippen und krausem Rand. Leicht verdaulich, schmeckt roh und gedünstet.

Dämpfen Gemüse wird in einem gelochten Siebeinsatz über Flüssigkeit im Dampf gegart.

Dünsten garen im Wasserdampf bei geringer Hitze bis 100 Grad. Besonders vitaminschonend. Gemüse mit etwas Butter in einen Topf geben und gerade so viel Wasser zugeben, dass der Topfboden mit Wasser bedeckt ist. Erhitzen und Deckel auflegen.

Erbse Man unterscheidet glatte, mehlige Schalerbsen, runzelige, zartere, leicht süßliche Markerbsen sowie Zuckererbsen, die mit den feinen Hülsen gegessen werden. Nur gegart verzehren. Saison Juni bis August.

Feingemüse Gemüse mit zarter Zellwandstruktur wie Blumenkohl, Tomaten, Spinat, Spargel oder frühe Möhren.

Fenchel knollenartig verdickter Spross, der von weißlichen, fleischigen Blättern gebildet wird. Süßlicher, anisartiger Geschmack. Das Grün eignet sich zum Würzen. Saison Juni bis Oktober.

Frische Blätter bzw. Blüten mit frischer, sortentypischer Farbe, Knollen oder Wurzeln fest, →Fruchtgemüse mit sortentypischem Glanz, mögliche Schnittstellen sollen hell sein.

Frittieren Gemüse schwimmt in 140 – 190 Grad heißem Fett, wobei eine knusprige Hülle entsteht. Dabei gehen allerdings besonders viele Nährstoffe verloren.

Fruchtgemüse Sammelbegriff für Früchte von einjährigen Pflanzen. Hierzu zählen Gemüsegruppen wie Kürbisgewächse (z. B. Zucchini), Schmetterlingsblüter (z. B. Dicke Bohnen), Nachtschattengewächse (z. B. Tomaten) oder Gräser (z. B. Mais).

Frühlingszwiebel zählt zum Zwiebelgemüse. Hat röhrenförmige Blätter, die ebenfalls mitverarbeitet werden. Gerne als rohe Salatzutat verwendet. Saison Mai bis Oktober.

Garmethoden abhängig von Sorte und gewünschtem Geschmack. →Blanchieren, →Braten, →Dämpfen, →Dünsten, →Frittieren, →Glasieren, →Gratinieren, →Grillen, →Pfannenrühren, →Schmoren.

Gemüsepaprika →Paprika.

Glasieren Variante des →Dünstens, bei der der Garflüssigkeit etwas Zucker beigegeben wird. Durch ständiges Schwenken erhält das Gemüse einen feinen, gleichmäßigen Glanz.

Gratinieren Gemüse wird dünn geschnitten, in einer Auflaufform mit einer Schicht Eiermischung bedeckt, mit geraspeltem Käse bestreut und im vorgeheizten Ofen bei ca. 200 Grad gratiniert, bis eine braune Kruste entsteht.

Grillen Garen auf dem Grill, unter dem Backofengrill oder in einer Grillpfanne.

Grobgemüse die meisten Wintergemüse und alle Sorten, die eine feste Zellwandstruktur haben wie Kohl, Rote Bete, Sellerie, Zwiebeln oder Dicke Bohnen.

grüne Bohnen zahlreiche Sorten, die in Busch- und Stangenbohnen eingeteilt werden. Sie sollten zarte Hülsen haben und müssen gut durchgekocht werden, da sie im Rohzustand giftiges Phasin enthalten.

Grünkohl lockere, dunkelgrüne Köpfe mit gekrausten Blättern, die erst nach dem ersten Frost richtig gut schmecken; dann wird er süßlicher und auch leichter bekömmlich. Kräftiger Eigengeschmack. Saison Oktober bis Februar.

Gurke besonders kalorienarmes Kürbisgemüse. Salatgurken schmecken roh im Salat, in kalten Suppen oder geschmort. Einlegegurken sind kleiner und werden zu Gewürzgurken verarbeitet.

Kartoffel zählt zur Familie der Nachtschattengewächse, aber nicht zum Gemüse. Verzehrt werden die unterirdisch wachsenden Knollen. Grüne Stellen, Augen und Keime entfernen, da hierin giftiges Solanin enthalten ist.

Kichererbsen besonders aus der orientalischen Küche bekannt. Werden frisch, getrocknet oder in Dosen angeboten.

Knoblauch weiße oder violette Knolle mit charakteristischem Aroma. Wird gerne zum Würzen verwendet und zählt zum →Zwiebelgemüse.

Knollengemüse Verzehrt wird die Wurzel oder der untere Sprossenteil; z. B. Möhre, Knollensellerie, Rettich, Schwarzwurzel.

Knollensellerie gelbbraune Wurzel mit hellem Fleisch. Junger Sellerie kann roh verzehrt werden. Meist wird er gekocht oder geraspelt. Saison September bis März.

Kohlgemüse Bei →Rot- und →Weißkohl sowie →Wirsing verzehrt man den ganzen Kopf, bei →Grünkohl die Blätter, bei →Brokkoli oder →Blumenkohl die Blütenanlagen, bei →Rosenkohl die Achselknospen, bei →Kohlrabi die verdickten Sprossachsen.

Kohlrabi faustgroße oberirdische Knolle, hellgrün bis violett. Schmeckt süßlich und nussig. Große Knollen schmecken oft holzig. Saison Mai bis September.

Kürbis wasserreiches, kalorienarmes Fruchtfleisch. Besonders als Wintergemüse geschätzt.

Lagerung Wasserreiche Sorten wie →Spinat sollten kurzfristig gekauft werden, wasserarme Sorten wie →Brokkoli halten im Kühlschrank 3 – 4 Tage. Festes Gemüse wie →Möhren kühl bis zu 14 Tagen lagerfähig. Kälteempfindliches Gemüse wie →Paprika oder →Tomaten in einem kühlen Raum lagern. →Kartoffeln und →Zwiebeln dunkel und trocken in Holzkisten oder Körben aufheben.

Lauch Zwiebelgemüse mit weißgrünen Blättern. Lauch muss immer sehr gründlich gewaschen werden, da er oft Sand zwischen den Blättern enthält. Saison August bis März.

Lauchzwiebel →Frühlingszwiebel.

Linsen flache, runde, schwach gewölbte bräunliche Samen. Zahlreiche Sorten, die getrocknet angeboten werden.

Mais →Zuckermais.

Mangold zählt zu den Rüben. Blätter werden ähnlich wie Spinat verwendet, die fleischigen Stiele lassen sich wie Spargel zubereiten oder dünsten. Saison August bis Dezember.

Möhre Knollengemüse mit süßlich-feinem Geschmack.

Paprika Schoten in unreifem Zustand grün, werden mit zunehmender Reife gelb und dann rot. Saison Juni bis Oktober.

Pfannenrühren aus Asien stammende Garmethode, für die viele Gemüsesorten geeignet sind. Gegart wird unter häufigem Rühren bei starker Hitze in nur wenig Fett.

Pilze gehören botanisch nicht zum Gemüse, werden in der Küchenpraxis allerdings oft als solches behandelt.

Porree →Lauch.

Radieschen eng mit →Rettich verwandt. Wird roh verzehrt. Saison Mai bis September.

Rettich bis zu armlange Wurzeln, werden roh gegessen. Scharfer Geschmack durch Senföle. Saison Mai bis Oktober.

Rosenkohl Röschen, die als Blattknospen am Strunk einer Kohlpflanze wachsen. Der Geschmack wird kräftiger und süßlicher, wenn er Frost abbekommen hat. Saison September bis Februar.

Rote Bete violette Knollen, die jung auch roh, ansonsten gegart verzehrt werden. Saison September bis März.

Rotkohl zum →Schmoren und →Dünsten geeignet. Saison Juli bis März.

säubern Gemüse, das mit Schale verzehrt wird oder an dem Erde haftet, gründlich waschen. Blätter bei Blattgemüse und zarten Kohlsorten zum Reinigen unzerkleinert in einer Schüssel mit Wasser bewegen und dann trocken tupfen.

schälen Bei den meisten Gemüsesorten liegen die wertvollen Vital- und Ballaststoffe direkt unter der Schale, daher Gemüse möglichst ungeschält verarbeiten.

Schalotte ist mit →Knoblauch und →Zwiebel verwandt. Mild und fein im Geschmack.

Schmoren Mischung aus →Dünsten und →Braten. Gemüse wird kräftig angebraten und dann zugedeckt auf dem Herd oder im Ofen mit wenig Flüssigkeit fertig gegart. V. a. für Gemüse mit intensivem Eigengeschmack und längerer Garzeit.

Spargel weiße und grüne Sorten. Weißer Spargel schmeckt etwas milder. Grüner Spargel ist dünner und muss meist nicht oder nur im unteren Drittel geschält werden. Saison April bis Juni.

Speisezwiebel →Zwiebel.

Spinat Junge Blätter können wie Salat zubereitet werden, ansonsten wird er meist gedünstet. Nach Möglichkeit nicht aufwärmen, da sich dann aus dem enthaltenen Nitrat schädliches Nitrit bildet. Saison März bis April und September bis Oktober.

Stängelgemüse z. B. Spargel, Fenchel, Stangensellerie.

Stangensellerie kalorienarm. Wird roh, gedünstet oder überbacken gegessen. Ganzjährig erhältlich.

Tiefkühlgemüse Nährstoffe und Vitamine werden heute durch Schnellgefrierverfahren erhalten. Gute Alternative zu frischem Gemüse, wenn es mal schnell gehen soll.

Tomate Nachtschattengewächs. Zahlreiche Sorten von den kleinen Cocktailtomaten über Strauch-, Fleisch- und Flaschentomaten. Grüne Stellen und Stielansatz entfernen, da hierin giftiges Solanin enthalten ist. Saison April bis Oktober.

Weißkohl bedeutendste Kohlsorte mit hellgrünen, glatten, runden Köpfen. Wintergemüse, wird gerne zu Sauerkraut verarbeitet.

Wirsing Kopfkohl mit dunkelgrünen, offenen Köpfen sowie gekräuselten und gemaserten Blättern. Mit ganzen Blättern werden gerne Füllungen umwickelt. Saison September bis Mai.

Wurzelgemüse →Knollengemüse.

Zucchini unreif geerntete Kürbisfrucht. Als besondere Delikatesse gelten die Blüten. Saison Juni bis Oktober.

Zuckermais zählt zur Familie der Süßgräser. Zarte, zuckerreiche Körner, die gegart verzehrt werden. Saison Juni bis Oktober.

Zwiebel dient als Gemüse und Gewürz. Herkömmliche Küchenzwiebel mit bräunlicher Schale; milde, leicht süßliche rote Zwiebeln; gelbe und weiße Zwiebeln mit sehr mildem bis beißend scharfem Geschmack.

Zwiebelgemüse Speisezwiebeln, Knoblauch und Lauch.

Kleine Gerichte

Bruschetta mit Gemüse (Abb. S. 7)

Für 4 Personen

1 kleine gelbe Paprikaschote
4 Stangen grüner Spargel
2 Frühlingszwiebeln
3 EL Olivenöl
1 Tomate
1/2 Bd. Basilikum
2 TL Balsamico-Essig
Salz, Pfeffer
12 dünne Scheiben Weißbrot
1 EL Pinienkerne

Zubereitungszeit
30 Min.

1 Paprika putzen und klein würfeln. Spargel putzen und Stangen in 1 cm lange Stücke schneiden. Frühlingszwiebeln putzen, waschen und in feine Ringe schneiden.

2 Öl erhitzen, Paprika und Spargel darin bei mittlerer Hitze 5 Minuten braten. Zwiebelringe untermischen und kurz weiterbraten.

3 Tomate waschen, vierteln, Stielansätze entfernen und Fruchtfleisch klein würfeln. Basilikumblättchen abzupfen, waschen, trocken tupfen und dann in dünne Streifen schneiden.

4 Gebratenes Gemüse abkühlen lassen. Tomaten und Basilikum untermischen. Mit Essig, Salz und Pfeffer abschmecken. Brotscheiben goldbraun rösten. Pinienkerne in einer Pfanne ohne Fett goldgelb rösten.

5 Weißbrot mit dem Gemüse belegen und mit Pinienkernen bestreuen. Bruschetta noch warm servieren.

Nährwerte pro Person
255 kcal, 1067 kJ,
6 g EW, 11 g F, 32 g KH

Gemüsepakora

Für 4 Personen

800 g gemischtes Gemüse (z. B. Möhren, Lauch, Zwiebeln, Weißkohl, Zucchini)
2 Knoblauchzehen
125 g Kichererbsenmehl
1/2 TL Natron
1 EL Curryblätter, zerrieben
3 EL Koriandergrün, gehackt
1 Msp. Kurkuma
Salz
Pfeffer
Ghee zum Ausbacken

Zubereitungszeit
40 Min.

1 Gemüse waschen, putzen, gegebenenfalls schälen und in sehr feine Streifen schneiden. Knoblauch abziehen und fein reiben.

2 Kichererbsenmehl mit Natron und 150 ml Wasser verrühren. Curryblätter, Koriandergrün, Knoblauch und Kurkuma dazugeben und verrühren. Das Gemüse in den Teig geben, mit Salz und Pfeffer würzen und das Ganze vermengen.

3 Ghee in einer tiefen Pfanne erhitzen. Mit 2 Teelöffeln kleine Haufen aus der Gemüsemasse formen, in das Fett setzen und die Gemüsepakora nacheinander goldbraun ausbacken.

4 Pakora auf Küchenpapier entfetten lassen und noch warm servieren.

Nährwerte pro Person
346 kcal, 1448 kJ,
8 g EW, 22 g F, 28 g KH

Tipp

Ghee wird in Indien zum Kochen und Braten verwendet. Es wird entweder aus Büffelmilch oder Butter gewonnen. Es ist dem hierzulande bekannten Butterschmalz ähnlich.

Spargeltatar

Für 4 Personen

500 g grüner Spargel
1 Bd. sehr feine Frühlingszwiebeln
220 g Artischockenböden (Dose oder Glas)
1 Bd. Estragon
1 EL Olivenöl (z. B. von Alnatura)
Meersalz
Pfeffer aus der Mühle
Zitronensaft
4 Scheiben Toastbrot
4 EL Butter
einige Blätter Friséesalat
1 EL Crème fraîche

Zubereitungszeit

40 Min.

1 Für das Tatar unteres Drittel der Spargelstangen schälen und holzige Enden abschneiden. Die Spargelspitzen abtrennen und beiseitelegen. Stangen längs vierteln, dann würfeln.

2 Frühlingszwiebeln putzen, waschen und in feine Ringe schneiden. Artischockenböden abtropfen lassen und fein würfeln. Estragon abbrausen, trocken schütteln und einige Zweige zum Garnieren beiseitelegen; von den übrigen Zweigen Blättchen abzupfen und hacken.

3 Spargelwürfel mit Frühlingszwiebeln in eine Pfanne geben und in Olivenöl anschwitzen. Artischocken dazugeben und alles in ca. 2 Minuten bissfest gar dünsten. Mit Estragon, Salz, frisch gemahlenem Pfeffer und Zitronensaft abschmecken.

4 Die Spargelspitzen kurz in kochendem Salzwasser garen, dann abtropfen lassen. Toastbrotscheiben rund ausstechen, in einer Pfanne in Butter von beiden Seiten goldbraun braten, leicht salzen und auf Küchenpapier abtropfen lassen.

5 Friséesalat putzen, waschen und trocken schütteln. Tatar mithilfe eines Ausstechringes auf den Buttercroûtons anrichten. Mit Spargelspitzen, Friséesalat und Estragon sowie mit 1 Klecks Crème fraîche garnieren. Noch warm servieren.

Nährwerte pro Person

242 kcal, 1013 kJ,
9 g EW, 13 g F, 23 g KH

Estragonaroma

Asiatisches Vorspeisengemüse

Für 4 Personen
150 g Rosé-Champignons
1 rote Paprika
1 grüne Paprika
200 g Mangold
1 Stück Ingwer (ca. 25 g)
150 g Tofu natur (z. B. von Vitaquell)
200 g Zuckerschoten
1 EL Sonnenblumenöl
150 g Babymais
2 TL Sesamöl
2 EL Ahornsirup
3 – 4 EL Sojasoße Shoyu
1 EL Sesamsaat

Zubereitungszeit
30 Min.

Nährwerte pro Person
219 kcal, 916 kJ,
10 g EW, 10 g F, 18 g KH

1 Champignons putzen und mit trockenem Küchenpapier abreiben, dann halbieren. Die Paprikaschoten waschen, von Kernen sowie weißen Innenhäuten befreien und anschließend das Fruchtfleisch in 1 cm breite Streifen schneiden.

2 Mangold waschen, trocken schütteln und ebenfalls in 1 cm breite Streifen schneiden. Ingwer schälen und fein hacken.

3 Tofu in Stücke schneiden. Zuckerschoten putzen, waschen und abtropfen lassen.

4 Einen Wok oder eine große beschichtete Pfanne zum Braten vorheizen. Sonnenblumenöl hineingeben. Unter Rühren Champignons und Babymais 1 – 2 Minuten braten.

5 Paprika und Zuckerschoten in den Wok bzw. die Pfanne geben und weitere 1 – 2 Minuten braten. Mangold kurz mitbraten.

6 Sesamöl, Ahornsirup und Sojasoße zugeben. Gemüse darin schwenken. Den Tofu kurz mit erwärmen und alles auf einer Platte anrichten. Mit Sesamsaat bestreut servieren.

Tipp

Wer es gerne schärfer mag, mischt 1 gehackte Chilischote unter das Gemüse.

Weltküche

Tipp

Sie können die Zucchinihäppchen als Snack z. B. auf dem Buffet Ihrer nächsten Party reichen oder auch als Beilage zu feinen Fleischgerichten.

für alle

Zucchinihäppchen

Für 15 Stücke
700 g Zucchini
1/2 Bd. Frühlingszwiebeln
2 Stängel Minze
Salz
50 g Butter
3 Eier
75 g Gouda, frisch gerieben
75 g Parmesan, frisch gerieben
100 g Frischkäse
150 ml Milch
Muskatnuss, frisch gerieben
Pfeffer
250 g Filoteig
Minzeblättchen zum Garnieren

Zubereitungszeit
30 Min.
Garzeit
35 Min.

1 Zucchini putzen, waschen und grob raspeln. Frühlingszwiebeln ebenfalls putzen, waschen und in sehr feine Ringe schneiden. Minze abbrausen, trocken schütteln und Blättchen hacken. Minze und Zucchini vermengen und mit etwas Salz würzen.

2 Butter bei milder Hitze zerlassen und abkühlen lassen. Eier verschlagen und mit geriebenem Käse verrühren. Mit Frischkäse und Milch glatt rühren.

3 Backofen auf 180 Grad vorheizen. Eiermasse unter die Zucchini heben und das Ganze mit etwas Muskatnuss, Salz und Pfeffer abschmecken.

4 Eine eckige ofenfeste Form (ca. 15 cm x 30 cm) mit Backpapier auslegen. Filoteigblätter vorsichtig voneinander lösen und mit zerlassener Butter einstreichen. Dann in die Ofenform legen, sodass der Boden gleichmäßig bedeckt ist.

5 Die Zucchini-Käse-Masse auf dem Teig glatt streichen. In den Ofen schieben und das Ganze in ca. 35 Minuten backen, bis der Kuchen fest und die Oberfläche goldbraun ist.

6 Das Ganze aus dem Ofen nehmen, etwas abkühlen lassen und in ca. 15 Würfel schneiden. Vor dem Servieren mit Minzeblättchen garnieren.

Nährwerte pro Stück
218 kcal, 912 kJ,
9 g EW, 16 g F, 10 g KH

herzhaft

Tipp

Servieren Sie die gefüllten Champignons mit Fladenbrot und Blattsalat.

Champignons mit Schafskäsefüllung

Für 4 Personen

8 große Champignons
2 Knoblauchzehen
30 g getrocknete Tomaten
1/2 – 1 EL Rosmarinnadeln
3 EL Pflanzencreme
Salz
Pfeffer
200 g Schafskäse
100 g Cremefine zum Verfeinern
Fett für die Form
100 g Bacon

Nährwerte pro Person

238 kcal, 996 kJ,
20 g EW, 15 g F, 5 g KH

1 Champignons putzen und trocken mit Küchenpapier abreiben. Stiele herausdrehen und fein hacken. Knoblauch schälen und fein hacken.

2 Getrocknete Tomaten und Rosmarin sehr fein hacken. Pflanzencreme in einer Pfanne erhitzen. Gehackte Champignonstiele, Tomaten und Rosmarin dazugeben und kräftig anbraten. Salzen und pfeffern.

3 Backofen auf 200 Grad vorheizen. Schafskäse fein zerbröseln, mit Cremefine vermischen und die angebratenen Zutaten untermischen. Champignons leicht mit Salz und Pfeffer würzen. Die Füllung gleichmäßig in die Champignons füllen.

4 Champignons in eine gefettete Auflaufform setzen, mit Baconstreifen belegen und im heißen Backofen ca. 45 Minuten überbacken, bis der Bacon schön braun wird.

5 Je 2 Champignons auf einen Teller setzen und mit dem Bratfond beträufeln.

Zubereitungszeit

30 Min.

Garzeit

45 Min.

Vegetarische Kibbeh

Für 16 Stück

250 g Bulgur
2 mittelgroße Auberginen
2 Knoblauchzehen
1 frische rote Chilischote
1 große Zwiebel
1 TL Speisestärke
1/2 TL gemahlenes Piment
1/2 TL gemahlener Koriander
Zimtpulver
gemahlener Kreuzkümmel
Salz
Sonnenblumenöl zum Braten
1 Bd. Petersilie

Nährwerte pro Stück
84 kcal, 351 kJ,
3 g EW, 2 g F, 14 g KH

1 Bulgur in eine Schüssel geben und knapp mit lauwarmem Wasser bedecken. 20 Minuten quellen lassen.

2 Auberginen waschen und grob zerkleinern. Knoblauch schälen und grob hacken. Beides in einem Mixer sehr fein pürieren.

3 Chilischote waschen, längs aufschneiden, entkernen und weiße Innenhäute entfernen. Schote sehr fein würfeln. Zwiebel abziehen, halbieren und in sehr feine Würfel schneiden.

4 Bulgur in ein Sieb schütten und abtropfen lassen. Dann in eine große Schüssel geben und mit püriertem Gemüse, Chili- und Zwiebelwürfeln vermengen.

5 Speisestärke mit etwas Wasser anrühren und unter den Bulgur mischen. Das Ganze mit Piment, Koriander, etwas Zimtpulver und Kreuzkümmel würzen. Bei Bedarf etwas salzen. Alles zu einem Teig verkneten.

6 Masse in 16 Portionen teilen. Daraus kleine Bällchen formen und diese flach drücken.

7 Öl in einer Pfanne erhitzen und Bällchen darin portionsweise goldbraun braten, dabei mindestens einmal wenden. Herausnehmen und auf Küchenpapier abtropfen lassen.

8 Petersilie waschen, trocken schütteln und hacken. Die Kibbeh damit bestreuen und auf Tellern anrichten.

aus dem Orient

Zubereitungszeit
35 Min.

Tipp

Dazu passt hervorragend eine Joghurt-Minz-Soße! Einfach 50 g grüne Minze waschen, trocken schütteln und fein hacken. Mit 150 g Joghurt vermengen. Mit Salz, Cayennepfeffer und gemahlenem Kreuzkümmel kräftig abschmecken. Vor dem Servieren noch etwas durchziehen lassen, damit sich das Aroma von Minze und Gewürzen besser entfalten kann.

Frittata mit Pesto

Für 6 Stück

35 g kleine Nudeln (z. B. Conchigliette)
Salz
1 EL Olivenöl
3 Frühlingszwiebeln
1 Knoblauchzehe
15 g TK-Erbsen
1/2 mittelgroße rote Paprika
3 große Eier
3 EL Sojadrink natur (z. B. von Alpro soya)
1/2 TL getrockneter Oregano
Salz
Pfeffer
50 g Fetakäse
1 TL Pesto (Fertigprodukt)
2 EL Soja-Joghurtalternative
Basilikumblätter, klein gezupft

Zubereitungszeit
20 Min.
Garzeit
25 Min.
Auskühlzeit
15 Min.
Nährwerte pro Stück
122 kcal, 510 kJ,
11 g EW, 20 g F, 22 g KH

1 Pasta in leicht gesalzenem Wasser mit 1 TL Olivenöl nach Packungsanweisung kochen. Anschließend abgießen und gut abtropfen lassen.

2 Ofen auf 200 Grad vorheizen. Frühlingszwiebeln waschen, putzen sowie in Ringe schneiden. Knoblauch abziehen und pressen. Erbsen auftauen lassen. Paprika waschen, putzen, von Kernen sowie weißen Innenhäuten befreien und dann würfeln.

3 Restliches Olivenöl in einer Pfanne erhitzen. Frühlingszwiebeln, Knoblauch und Paprika hineingeben. 3 – 4 Minuten leicht anbraten, dabei häufig umrühren. Von der Platte nehmen und Pasta sowie Erbsen dazugeben.

4 Eier, Sojadrink, Oregano, etwas Salz und Pfeffer in einer Schüssel verquirlen. Die Pastamischung auf 6 Muffinformen verteilen. Feta darüber zerkrümeln und die Eiermischung darübergeben.

5 Das Ganze in den Ofen schieben und 20 – 25 Minuten backen. Anschließend ca. 15 Minuten auskühlen lassen.

6 Pesto sowie Joghurtalternative in einer kleinen Schüssel glatt rühren. Klein gezupftes Basilikum unterrühren. Dann Frittata aus der Muffinform nehmen, auf Tellern anrichten und mit dem Pesto-Dressing beträufeln. Anschließend servieren.

leicht

spanisch inspiriert

Tipp

Statt des Spargels können auch Paprika, Zucchini, Oliven, aber auch Fisch oder Wurst verwendet werden.

Grüne Spargeltortilla

Für 4 Personen
800 g Kartoffeln, Salz
400 g grüner Spargel
200 g Frühlingszwiebeln
3 EL Olivenöl
10 Eier, Cayennepfeffer
3 EL Petersilie, frisch gehackt

Zubereitungszeit
30 Min.
Garzeit
20 Min.
Nährwerte pro Person
426 kcal, 1782 kJ,
25 g EW, 19 g F, 38 g KH

1 Kartoffeln schälen, waschen und in kleine Würfel (ca. 1 cm) schneiden. In kochendem Salzwasser 2 – 3 Minuten blanchieren, dann in ein Sieb abgießen und gut abtropfen lassen.

2 Spargel waschen, das untere Drittel schälen, holzige Enden abschneiden und die Stangen in ca. 3 cm lange Stücke schneiden. In kochendem Salzwasser 2 – 3 Minuten blanchieren, dann abgießen und gut abtropfen lassen.

3 Frühlingszwiebeln putzen, waschen, trocken schütteln und quer in 1 cm lange Stücke schneiden.

4 2 EL Olivenöl in einer großen Pfanne erhitzen, Frühlingszwiebeln und Kartoffeln zugeben und 3 – 4 Minuten unter Rühren anbraten.

5 Eier in einer Schüssel verquirlen und mit Salz und Cayennepfeffer würzen. Spargel und Petersilie zur Kartoffel-Zwiebel-Mischung geben. Backofen auf 220 Grad vorheizen.

6 Eine ofenfeste Form (ca. 30 cm x 20 cm) mit dem restlichen Olivenöl auspinseln, ca. 1/3 der Eimasse einfüllen, Gemüsemischung zugeben und mit der restlichen Eimasse auffüllen. Im vorgeheizten Ofen ca. 20 Minuten backen.

7 Form aus dem Ofen nehmen und die Tortilla etwas abkühlen lassen. Anschließend mit einem scharfen Messer Ränder lösen, Tortilla in 2 – 3 cm große Würfel schneiden, je 1 Zahnstocher hineinstecken und auf einer Platte anrichten.

Tomaten in Koriandersoße

Für 4 Personen

600 g Fleischtomaten
3 EL Walnusskerne
1 Knoblauchzehe
1 Bd. Koriander
1 EL Zitronensaft
6 EL Olivenöl
1 Msp. gemahlener Kreuzkümmel
Salz
Pfeffer

1 Die Tomaten waschen und achteln, dabei die grünen Stielansätze entfernen. Tomatenstücke auf einer Servierplatte dekorativ anrichten.

2 Die Walnusskerne grob hacken. Knoblauch schälen und durch eine Presse drücken. Koriander waschen, trocken schütteln und dann fein hacken; dabei die groben Stielenden entfernen.

3 Walnüsse, Knoblauch sowie Koriander mit Zitronensaft und Olivenöl in einem Mixer pürieren. Die Soße mit Kreuzkümmel, Salz und Pfeffer abschmecken.

4 Koriandersoße über die Tomaten geben und kurz ziehen lassen. Dann servieren.

Zubereitungszeit
15 Min.

Nährwerte pro Person
234 kcal, 979 kJ,
4 g EW, 20 g F, 9 g KH

Pikante Fladen mit Spinat-Käse-Füllung

Für 4 Personen

4 Eier
Salz
250 g Mehl
200 ml Milch
200 ml Mineralwasser
300 g TK-Blattspinat
1 Zwiebel
1 Knoblauchzehe
100 g Hartkäse aus Schafsmilch
150 g Butter
50 g Crème fraîche
Pfeffer
Muskatnuss

Zubereitungszeit
30 Min.

1 Eier mit 1 Prise Salz, Mehl, Milch und Mineralwasser in eine Schüssel geben und zu einem glatten Teig verrühren. Den Teig zugedeckt bei Zimmertemperatur ca. 20 Minuten quellen lassen.

2 Inzwischen den Spinat auftauen lassen. Zwiebel und Knoblauch schälen und beides fein hacken. Käse fein reiben. 2 EL Butter in einer Pfanne zerlassen, Zwiebel und Knoblauch hineingeben und darin unter häufigem Wenden glasig dünsten. Spinat zugeben und kurz mitdünsten.

3 Käse und Crème fraîche unter die Spinatmischung heben und das Ganze mit Salz, Pfeffer und frisch geriebener Muskatnuss kräftig würzen.

4 1 EL Butter in einer beschichteten Pfanne zerlassen. Etwas Teig hineingeben, in der Pfanne durch Schwenken gut verteilen und zu einem Pfannkuchen backen, dabei einmal wenden. Auf diese Weise insgesamt 8 Pfannkuchen backen.

5 Jeweils etwas Spinat-Schafskäse-Mischung auf die eine Pfannkuchenhälfte streichen, die andere Hälfte darüberklappen und fest andrücken.

Nährwerte pro Person
529 kcal, 2213 kJ,
22 g EW, 26 g F, 51 g KH

Mascarpone-Kürbis-Terrine

Für 10 Stücke

Für die Kürbismasse:
500 g Kürbisfruchtfleisch
1 kleine Zwiebel
2 EL Olivenöl
Salz, Pfeffer
1 TL kräftiges Currypulver
1/8 l trockener Weißwein
1/8 l Orangensaft, frisch gepresst
8 Blatt weiße Gelatine

Für die Käsemasse:
2 Blatt weiße Gelatine
250 g Mascarpone (z. B. von Galbani)
2 EL Milch

Für den Salat:
75 g Feldsalat
2 EL Himbeeressig
Salz, Pfeffer
1 Msp. Dijonsenf
5 EL Olivenöl
1 EL Walnusskerne

Nährwerte pro Stück
191 kcal, 799 kJ,
3 g EW, 16 g F, 5 g KH

1 Für die Kürbismasse das Kürbisfruchtfleisch in ca. 2 cm große Würfel teilen. Zwiebel schälen und fein hacken.

2 Olivenöl in einem flachen Topf erhitzen und gehackte Zwiebel darin glasig dünsten. Kürbiswürfel zugeben und das Ganze mit Salz, Pfeffer sowie Currypulver würzen. Etwas andünsten, dann mit Weißwein und mit Orangensaft ablöschen.

3 Das Gemüse bei milder Hitze in ca. 20 Minuten gar köcheln lassen. Sobald der Weißwein-Orangensaft-Sud eingekocht ist, 1/2 l Wasser zugießen. Kürbiswürfel weich kochen, bis die Flüssigkeit vollständig eingekocht ist.

4 8 Blatt Gelatine in kaltem Wasser einweichen. Kürbisgemüse fein pürieren. 2 EL Püree in einen kleinen Topf geben. Gelatine ausdrücken, zum Kürbispüree in den Topf geben, leicht erwärmen und unter Rühren auflösen. Dann unter die restliche Kürbismasse mengen.

5 Für die Käsemasse 2 Blatt Gelatine in kaltem Wasser einweichen. 2 EL Mascarpone mit der Milch in einen kleinen Topf geben und bei milder Hitze zum Schmelzen bringen. Die Gelatine ausdrücken, zufügen und darin auflösen. Anschließend unter den übrigen Mascarpone rühren.

6 Eine Terrinen- oder Kastenform mit 750–800 ml Füllmenge mit kaltem Wasser ausspülen und mit Klarsichtfolie auslegen. 1 Schicht Kürbismasse von ca. 1 cm Höhe einfüllen und im Kühlschrank kurz stocken lassen.

7 Abwechselnd Mascarponecreme und Kürbismasse in die Form schichten und dazwischen jeweils kurz kühlen. Sollten die beiden Massen zum Schichten zu stark abkühlen, einfach in einem Topf ein wenig erwärmen und glatt rühren. Terrine vor dem Servieren 2 Stunden kühlen.

8 Vor dem Servieren den Feldsalat putzen, waschen und trocken schleudern. Essig mit Salz, Pfeffer sowie Senf glatt rühren und das Öl unterschlagen.

9 Die Terrine auf ein Brett stürzen. Ein dünnes Messer in warmes Wasser tauchen und die Kürbis-Mascarpone-Terrine in ca. 2 cm dicke Scheiben schneiden. Auf Tellern anrichten. Feldsalat dazugeben und mit dem Dressing beträufeln. Walnüsse grob zerkleinern, darüberstreuen und das Ganze servieren.

für Gäste

Zubereitungszeit
45 Min.
Kühlzeit
2 Std.

Rote-Bete-Taler

Für 4 Personen

Für den Dip:
60 g Haselnusskerne
2 TL Pflanzenöl
250 g Naturjoghurt
Salz
Pfeffer

Für die Taler:
600 g Rote Bete
Salz
2 Eier
Pfeffer
250 g kernige Haferflocken
Pflanzenöl zum Braten
(z. B. von Livio)

Zubereitungszeit
35 Min.

Nährwerte pro Person
464 kcal, 1941 kJ,
18 g EW, 20 g F, 53 g KH

1 Für den Dip Haselnüsse fein hacken. Dann zusammen mit dem Öl zum Joghurt geben. Das Ganze glatt rühren und mit Salz sowie Pfeffer abschmecken.

2 Für die Taler Rote Bete schälen und in ca. 1 cm dicke Scheiben schneiden. Knapp bedeckt in Salzwasser ca. 20 Minuten garen, anschließend herausheben und abkühlen lassen.

3 Eier verquirlen und mit Salz sowie Pfeffer würzen. Rote-Bete-Scheiben durch die Eier ziehen und dann die Taler mit Haferflocken panieren. Die Flocken auf beiden Seiten gut andrücken.

4 Rote-Bete-Taler im heißen Pflanzenöl von jeder Seite knusprig-braun braten. Auf Küchenpapier kurz entfetten lassen und zusammen mit dem Dip servieren.

mit Nussdip

Tipp

Ein grüner Salat in einer Kräuter-Vinaigrette ist die perfekte Beilage zu diesem Snack.

extrafein

Sommergemüsetörtchen

Für 4 Personen

250 g eingelegtes Antipastigemüse (z. B. Auberginenscheiben, Paprika, getrocknete Tomaten in Öl)
2 Mozzarellakugeln (à 125 g, z. B. von Galbani)
2 EL junge Sprossen oder Gartenkresse
4 EL kalt gepresstes Olivenöl
1 Handvoll Basilikumblätter
Salz
2 TL Balsamico-Essigcreme

Zubereitungszeit
25 Min.

Nährwerte pro Person
287 kcal, 1201 kJ,
13 g EW, 25 g F, 3 g KH

1 Das eingelegte Gemüse gut abtropfen lassen. Mozzarella ebenfalls abtropfen lassen und in jeweils 6 Scheiben teilen. 4 Garnierringe mit 5,5 – 7 cm Durchmesser und ca. 4 cm Höhe auf ein Blech setzen.

2 Auberginenscheiben in Ringgröße zurechtschneiden und den Boden der Ringe damit auslegen. Je 1 Scheibe Mozzarella daraufgeben. Als nächste Schicht Paprika oder abgetropfte Tomaten einfüllen. Wieder 1 Schicht Käse und dann übriges Gemüse einfüllen. Mit Mozzarellascheiben enden.

3 Den Inhalt in den Ringen leicht andrücken und vorsichtig auf 4 Teller umsetzen. Ringe abziehen und die Oberfläche mit Sprossen oder Gartenkresse garnieren.

4 Olivenöl mit Basilikumblättchen und etwas Salz in einen Mixbecher geben und das Ganze fein pürieren.

5 Das Basilikumöl um die Törtchen herumträufeln und die Sommergemüsetörtchen mit einigen Tropfen Essigcreme verfeinern. Dann servieren.

Tipp

Reichen Sie zu diesen Gemüsetörtchen nach Belieben frisches Weißbrot und Oliven.

mag jeder

Gemüseplätzchen mit Minzjoghurt

Für 4 Personen
250 g Zucchini
250 g Möhren
1 Bd. Frühlingszwiebeln
1 Bd. Majoran
100 g Sojasprossen
4 Eier
Salz
Pfeffer aus der Mühle
50 g kernige Haferflocken (z. B. von Kölln)
50 g zarte Haferflocken
Fett zum Braten
1 Bd. Minze
300 g Joghurt
2 EL Zitronensaft
Minze zum Garnieren

Nährwerte pro Person
377 kcal, 1577 kJ,
18 g EW, 19 g F, 31 g KH

1 Zucchini waschen, Enden abschneiden und Zucchini grob reiben. Möhren waschen, schälen und grob reiben.

2 Frühlingszwiebeln putzen, waschen und in Ringe schneiden. Majoran waschen, trocken tupfen und hacken. Die Sojasprossen in einem Küchensieb kalt waschen und danach gut abtropfen lassen.

3 Eier schaumig schlagen, mit Salz und Pfeffer kräftig würzen. Gemüse, beide Haferflockensorten und Majoran vorsichtig daruntermischen.

4 Fett in einer beschichteten Pfanne erhitzen. 12 Gemüseplätzchen darin portionsweise goldgelb backen und abkühlen lassen.

5 Minze waschen, trocken tupfen und fein hacken. Joghurt, Zitronensaft und Minze verrühren. Mit Salz und Pfeffer abschmecken.

6 Gemüseplätzchen anrichten. Minzjoghurt in Schälchen füllen und das Ganze mit Minze garniert servieren.

Zubereitungszeit
30 Min.

Tipp

Statt Möhren können Sie auch Knollensellerie oder Kohlrabi verwenden. Dazu passt auch ein Kräuterquark. Rühren Sie dafür 250 g Magerquark mit Mineralwasser glatt. Geben Sie großzügig gehackte Kräuter dazu und schmecken Sie das Ganze mit Salz und Pfeffer ab.

Mini-Tartes mit Auberginen

Für 12 Stück
450 g TK-Blätterteig
200 g getrocknete Tomaten in Öl (Glas)
375 g Mozzarella
1 Aubergine
Salz
Pfeffer aus der Mühle
4 EL Pinienkerne
Olivenöl
1 Bd. Rucola

Nährwerte pro Stück
273 kcal, 1142 kJ,
8 g EW, 21 g F, 12 g KH

1 Blätterteig auftauen lassen. Tomaten mit etwas eigenem Öl sehr fein hacken, sodass sie eine fast cremige Konsistenz annehmen. Mozzarella gut abtropfen lassen und in feine Scheiben schneiden.

2 Aubergine waschen und trocken reiben. Dann in sehr dünne Scheiben schneiden, mit Salz bestreuen und ca. 10 Minuten Wasser ziehen lassen. Anschließend trocken tupfen.

3 Backofen auf 200 Grad vorheizen. Blätterteig ausrollen und

4 12 Kreise (nach Belieben in Blumenform) mit ca. 8 cm Durchmesser ausstechen. Die getrockneten und fein gehackten Tomaten daraufstreichen. Tomatenmasse pfeffern, bei Bedarf ganz leicht salzen.

5 Auf die Tomatenpaste geschnittenen Mozzarella geben und mit einigen Auberginenscheiben belegen. Danach das Ganze mit Pinienkernen bestreuen, mit etwas Olivenöl beträufeln und auf ein mit Backpapier belegtes Backblech legen.

6 Mini-Tartes in den Ofen schieben und ca. 15 Minuten backen.

7 In der Zwischenzeit den Rucola waschen, trocken schütteln, putzen und harte Stielenden entfernen. Gebackene Tartes mit Rucola garniert servieren.

Zubereitungszeit
30 Min.

fein

Tipp

Anstelle von Blätterteig eignet sich für diese Tartes auch ein Mürbeteig. Dafür 200 g kalte Butter in Stücken mit 250 g Mehl, 1 Prise Salz und 4 EL Wasser verkrümeln. Zu einem Teig kneten und vor der Weiterverarbeitung 30 Minuten ruhen lassen.

Zucchini-Cheeseburger

Für 2 Burger
150 g Zucchini
100 g Kartoffeln
2 EL Haferflocken
1 Ei
Salz
Pfeffer
1 EL Rapsöl
1 Fleischtomate
2 – 4 Salatblätter
2 Toasties
2 EL Tomatenketchup (z. B. von Knorr)
2 Scheiben Chesterkäse (à 20 g, 30 % Fett i. Tr.)

1 Zucchini putzen und waschen. Kartoffeln schälen und waschen. Beides auf einer Reibe grob raspeln. Haferflocken und Ei untermischen und die Masse mit Salz sowie Pfeffer kräftig würzen.

2 Aus der Masse 4 flache Bratlinge formen und in einer beschichteten Pfanne in heißem Rapsöl von jeder Seite ca. 4 Minuten braten.

3 Tomate waschen und in dünne Scheiben schneiden. Salatblätter waschen und trocken tupfen. Toasties im Toaster aufbacken und mit Ketchup bestreichen.

4 Die unteren Hälften der Toasties mit Salat und Tomatenscheiben belegen. Je 1 Zucchinibratling, 1 Scheibe Chesterkäse, 1 Tomatenscheibe und abschließend einen zweiten Bratling darauflegen.

5 Die oberen Toastiehälften daraufsetzen und sofort servieren.

Zubereitungszeit
25 Min.
Nährwerte pro Burger
348 kcal, 1456 kJ,
17 g EW, 13 g F, 38 g KH

raffiniert

Tipp

Wer mag, nimmt statt der Haferflocken 50 g eingeweichtes Sojagranulat. Mancher kennt diese Zutat noch unter der Bezeichnung „Sojahack". Das eiweißreiche und fettarme Trockenprodukt ist rein pflanzlich. Vegetarier mögen es gern als Beilage in Gemüseaufläufen. Kräftig angebraten schmeckt Sojagranulat fast wie Hackfleisch.

Tipp

Solche Chips lassen sich auch mit anderem, „konventionellem“ Gemüse zubereiten. Es eignen sich beispielsweise Zucchini oder Auberginen. Diese sollten zuerst gesalzen (damit sie Wasser ziehen) und anschließend gut trocken getupft werden.

gut gesnackt

Gemüsechips

Für 4 Personen

4 festkochende Kartoffeln
4 blaue Kartoffeln
2 kleine Süßkartoffeln
1 l Rapsöl
Salz

Zubereitungszeit

30 Min.

1 Beide Kartoffelsorten sowie die Süßkartoffeln schälen und mit kaltem Wasser waschen. Dann auf einer Küchenreibe in möglichst dünne Scheiben hobeln.

2 Kartoffelscheiben 30 – 40 Minuten in eine Schüssel mit reichlich kaltem Wasser legen, damit die Stärke austritt. Anschließend die Kartoffelscheiben herausheben, kurz abtropfen lassen und sehr gut trocken tupfen.

3 Das Rapsöl in einer Fritteuse oder in einem ausreichend großen Topf erhitzen. Die Kartoffelscheiben hineingeben und bei 160 Grad knusprig und goldgelb frittieren.

4 Chips aus dem Fett heben, auf reichlich Küchenpapier entfetten und dann in eine Schüssel geben. Nach Geschmack salzen.

Nährwerte pro Person

439 kcal, 1837 kJ,
6 g EW, 25 g F, 46 g KH

Artischocken mit Aioli und Vinaigrette

Für 4 Personen
4 Artischocken
Salz
8 EL Zitronensaft
4 getrocknete Tomaten
50 ml Gemüsebrühe
2 EL Essig
Pfeffer
1 EL Olivenöl
2 EL Mayonnaise
2 EL Joghurt
1 Knoblauchzehe

1 Artischocken waschen, in Salzwasser mit 2 EL Zitronensaft ca. 45 Minuten zugedeckt kochen. Tomaten waschen und fein würfeln.

2 Aus Brühe, Essig, Pfeffer und Öl eine Vinaigrette rühren. Tomaten zugeben.

3 Für den zweiten Dip Mayonnaise mit Joghurt, durchgepresstem Knoblauch, Pfeffer und restlichem Zitronensaft verrühren.

4 Artischocken abtropfen lassen und mit beiden Dips servieren.

Zubereitungszeit
15 Min.
Garzeit
45 Min.
Nährwerte pro Person
162 kcal, 664 kJ,
7 g E, 11 g F, 8 g KH

Tipp
Die Artischocken sind gar, wenn sich die Blätter leicht herauszupfen lassen.

Kräutertomaten mit Schafskäse

Für 4 Personen
8 Tomaten
12 Stängel Petersilie
4 Knoblauchzehen
Salz
Pfeffer aus der Mühle
1 TL Rosmarin
2 EL Olivenöl
400 g milder Schafskäse
Fett für die Form

1 Tomaten waschen, mit dem Stielansatz nach unten in eine feuerfeste Form setzen. Oberseite kreuzweise einschneiden und eine Vertiefung eindrücken.

2 Petersilie waschen, trocken tupfen und fein hacken. Knoblauch schälen.

3 Die Gewürze und Petersilie mit dem Öl vermengen, Knoblauch dazupressen und die Mischung in die Vertiefungen der Tomaten geben. Schafskäse in Scheiben schneiden und um die Tomaten legen.

4 Tomaten in den Ofen stellen und unter dem heißen Grill ca. 15 Minuten überbacken. Die Tomatenhaut sollte oben leicht gebräunt sein. Sofort servieren.

Zubereitungszeit
15 Min.
Nährwerte pro Person
385 kcal, 1609 kJ,
19 g EW, 31 g F, 8 g KH

Suppen & Salate

Gemüsesuppe japanische Art (Abb. S. 25)

Für 4 Personen
150 g Kohlrüben
(ersatzweise Rettich)
80 g Möhren
80 g Shiitakepilze
80 g Frühlingszwiebeln
120 g Tofu
10 ml Sesamöl
5 ml Sojaöl
1 l Gemüsebrühe
60 ml Sojasoße
(z. B. von Kikkoman)
1 TL Zucker
8 g Kartoffelmehl

Zubereitungszeit
25 Min.
Nährwerte pro Person
183 kcal, 766 kJ,
8 g EW, 12 g F, 12 g KH

1 Kohlrüben und Möhren putzen und schälen. Beides in sehr dünne Scheiben schneiden.

2 Shiitakepilze mit einem Pinsel oder Küchenpapier putzen; nach Möglichkeit nicht waschen. Stiele abschneiden und Pilze halbieren oder vierteln.

3 Die Frühlingszwiebeln putzen, waschen und in feine Röllchen schneiden. Tofu in kleine Würfel schneiden.

4 In einen ausreichend großen Topf Sesam- und Sojaöl geben und erhitzen. Kohlrüben, Möhren und Pilze dazugeben und unter Rühren kurz darin abraten.

5 Das Ganze mit Gemüsebrühe aufgießen und zum Kochen bringen. Kurz vor dem Kochen sollte der sich bildende Schaum abgeschöpft werden.

6 Die Gemüsesuppe mit Sojasoße und etwas Zucker würzen.

7 In einer kleinen Schüssel Kartoffelmehl mit etwas Wasser vermengen und glatt rühren. Zum Binden in die Suppe geben und einrühren.

8 Abschließend Tofu und die Frühlingszwiebeln in die Suppe geben. Alles noch mal aufkochen. Dann in Suppenschüsseln füllen und heiß servieren.

Brot-Gemüse-Suppe

Für 4 Personen
2 Stangen Lauch
2 Stangen Sellerie
2 junge Zucchini
2 Knoblauchzehen
1 1/4 l Gemüsebrühe
100 g TK-Erbsen
Salz
Pfeffer
1/2 TL Chilipulver
1 EL Zitronensaft
je 1 Bd. Petersilie, Minze
und Koriander
1/2 Fladenbrot
(vom Vortag, ca. 200 g)
4 EL Olivenöl

1 Lauch und Sellerie waschen, putzen und klein schneiden. Zucchini waschen, putzen und würfeln. Knoblauch schälen und fein hacken.

2 Lauch, Sellerie, Zucchini und Knoblauch mit Gemüsebrühe und Erbsen in einen Topf geben und erwärmen. Mit Salz, Pfeffer, Chilipulver und Zitronensaft abschmecken.

3 Suppe bei mittlerer Hitze und geschlossenem Deckel ca. 10 Minuten köcheln lassen, bis das Gemüse bissfest ist.

4 Inzwischen Kräuter waschen und trocken schütteln. Blättchen abzupfen und fein hacken. Fladenbrot in kleine Stücke brechen.

5 Olivenöl in einer Pfanne erhitzen, Brotstücke darin unter Rühren anbraten, bis sie knusprig sind.

6 Kräuter in die Suppe rühren und nochmals abschmecken. Brot hineingeben und Suppe sofort servieren.

Zubereitungszeit
30 Min.
Nährwerte pro Person
253 kcal, 1059 kJ,
12 g EW, 5 g F, 39 g KH

Steirische Kürbissuppe

Für 4 Personen
350 g Muskatkürbis
4 Schalotten
2 EL Butter
1 Msp. Chilipulver
2 EL Honig
100 ml Noilly Prat
200 ml Champagner (alternativ Sekt oder Prosecco)
250 ml Geflügelbrühe
150 g Sahne
1 TL Koriander
2 EL Kürbiskernöl (z. B. von Villa Masecri)
Salz
Pfeffer

1 Den Kürbis schälen und von Kernen sowie Fasern befreien. Fruchtfleisch in feine Stücke schneiden. Schalotten abziehen und grob hacken.

2 Butter in einem ausreichend großen Topf erhitzen. Kürbis und Schalotten zufügen und diese unter Rühren glasig andünsten. Chili und Honig dazugeben. Mit Noilly Prat sowie Champagner ablöschen.

3 Das Ganze einige Minuten einkochen lassen. Kürbissud mit Geflügelbrühe und Sahne aufgießen. Nochmals etwas einkochen lassen.

4 Koriander und Kürbiskernöl in die Suppe geben. Das Ganze mit dem Pürierstab kräftig aufmixen.

5 Vor dem Servieren die Kürbissuppe durch ein feines Sieb passieren und mit Kürbiskernöl, Salz und Pfeffer abschmecken.

Zubereitungszeit
40 Min.
Nährwerte pro Person
373 kcal, 1561 kJ,
8 g EW, 25 g F, 17 g KH

mit Kürbiskernöl

Tipp

Servieren Sie die Suppe doch mal in ausgehöhlten Kürbishälften. Garnieren Sie die Suppe dann mit Schalottenringen, Kürbiskernen sowie einigen Tropfen Kürbiskernöl. Geschmacklich und optisch ein Genuß!

Toskanische Tomaten-Garnelen-Suppe

Für 4 Personen

Für die Suppe:
1,4 kg reife Flaschentomaten
4 rote Pfefferschoten
2 Knoblauchzehen
2 EL Olivenöl
200 ml Gemüsebrühe (z. B. von Alnatura)
150 g altbackenes Brot, vorzugsweise Ciabatta
Meersalz
4 EL Olivenöl zum Beträufeln

Für die Garnelen:
1 Orange (unbehandelt)
1 Zweig Rosmarin
12 TK-Garnelen
1 EL Olivenöl
Meersalz
schwarzer Pfeffer

Zubereitungszeit
35 Min.
Ziehzeit
1 Std.
Nährwerte pro Person
401 kcal, 1678 kJ,
22 g EW, 20 g F, 32 g KH

1 Tomaten oben kreuzweise leicht einritzen, mit kochendem Wasser überbrühen, dann in Eiswasser abschrecken. Tomaten häuten. Fruchtfleisch vierteln, entkernen und grob würfeln. Pfefferschoten halbieren, entkernen und fein würfeln.

2 Knoblauchzehen abziehen und ebenfalls fein würfeln. In einem Topf Olivenöl erhitzen und Knoblauch darin anschwitzen. Pfefferschoten sowie Tomaten dazugeben und mit anschwitzen.

3 Das Ganze mit Brühe ablöschen, aufkochen und 10 Minuten köcheln lassen. Brot von der Rinde befreien und in der Küchenmaschine oder dem Mixer fein zerkleinern. Brot in den Sud geben und das Ganze weitere 10 Minuten köcheln lassen.

4 Topf vom Herd nehmen und zugedeckt ca. 1 Stunde ziehen lassen. Anschließend nochmals kräftig durchrühren und mit Salz abschmecken. Zum Servieren am besten im Ofen wieder erwärmen, dann mit Olivenöl beträufelt anrichten.

5 Für die Garnelen die Orange heiß waschen und trocken reiben. Die Schale fein abreiben und den Saft auspressen. Rosmarinnadeln vom Zweig streifen und fein hacken.

6 Aufgetaute Garnelen in einer Pfanne in Olivenöl kurz beidseitig anbraten, dann vom Herd nehmen und mit Orangensaft ablöschen. Orangenschale sowie Rosmarin dazugeben. Alles mit Salz und Pfeffer abschmecken und zugedeckt 10 Minuten ziehen lassen. Fertige Garnelen auf der Suppe anrichten und servieren.

Tipp

Die Suppe wird feiner, wenn sie kurz vor dem Servieren mit dem Pürierstab aufgemixt wird. Im Sommer schmeckt sie auch kalt!

für alle

sommerlich

Avocado-Gurken-Suppe

Für 4 Personen
2 Salatgurken
1 reife Avocado
Saft von 2 Limetten
150 g Magermilchjoghurt
2 EL Olivenöl
400 ml Gemüsebrühe, kalt
Salz
Pfeffer
Muskatnuss
je 1/2 rote und grüne Paprikaschote
40 g Walnüsse
Schnittlauch zum Garnieren

Nährwerte pro Person
227 kcal, 950 kJ,
5 g EW, 21 g F, 6 g KH

1 Gurken schälen und in Stücke schneiden. Avocado längs halbieren, Stein entfernen und Fruchtfleisch aus der Schale lösen, dann ebenfalls klein schneiden.

2 Gurken- und Avocadostücke in einen Mixer geben. Limettensaft, Joghurt, Olivenöl und kalte Brühe dazugeben. Das Ganze kräftig durchmixen.

3 Suppe mit Salz und Pfeffer würzig abschmecken. Etwas frisch geriebene Muskatnuss dazugeben. 2 Stunden kühl stellen.

4 Paprika halbieren, von Kernen sowie weißen Innenhäuten befreien, waschen und fein würfeln. Walnüsse grob hacken und in einer Pfanne ohne Fett anrösten.

5 Kalte Avocado-Gurken-Suppe auf Suppenschüsseln verteilen. Mit Paprikawürfeln und Walnüssen bestreuen und mit Schnittlauch garniert servieren.

Zubereitungszeit
25 Min.
Kühlzeit
2 Std.

Tipp

Einen kräftigeren Geschmack erhält die Suppe, wenn man abschließend noch 1 mundgerecht zerrupften Bd. Rucola dazugibt. Oder wie wär's mit etwas Exotik? Einfach gehackten Koriander oder Minze darüberstreuen.

Tipp

Reichen Sie zu dieser Suppe Chapatis, indisches Fladenbrot. Für 8 Fladen stellen Sie aus 225 g Vollkornweizenmehl, 1 Prise Salz, 2 Prisen Kreuzkümmel und 150 ml Wasser einen trockenen Teig her. 1 Stunde ruhen lassen und dann zu 8 dünnen, pfannengroßen Fladen ausrollen. In einer Pfanne ohne Fett bei mittlerer Hitze backen; mindestens 1 Mal wenden. Sie sind fertig, wenn der Teig Blasen wirft. Nach Wunsch 1 Seite der Chapatis vor dem Servieren mit Olivenöl bestreichen.

indisch

Linsensuppe

Für 4 Personen

250 g gelbe Linsen (z. B. von Alnatura)
650 ml Gemüsebrühe
2 Möhren
1 Bd. Koriander
1 Knoblauchzehe
2 TL Meersalz
1 TL Kurkuma
1/2 TL Curry
2 Msp. Kreuzkümmel
150 g Sahne

1 Linsen in der Gemüsebrühe aufkochen. 15 Minuten bei milder Hitze köcheln lassen.

2 Möhren schälen und fein würfeln. Dann zu den Linsen in die Brühe geben. Koriander abbrausen, trocken schütteln und ohne feste Stielenden grob hacken. Die Hälfte ebenfalls zu den Linsen geben.

3 Knoblauch schälen und durch eine Presse drücken. Zu den Linsen geben und dann das Ganze mit Salz, Kurkuma, Curry und Kreuzkümmel würzen.

4 Sahne zugießen und die Suppe weitere 5 Minuten leise köcheln lassen. Die Linsensuppe mit dem restlichen Koriander bestreuen und heiß servieren.

Zubereitungszeit
20 Min.

Nährwerte pro Person
294 kcal, 1230 kJ,
15 g EW, 13 g F, 29 g KH

Kichererbsensuppe mit Gemüse

Für 6 Personen

1 Zwiebel
3 Knoblauchzehen
1 große Möhre
1 frische rote Chilischote
4 Stängel Petersilie
2 Stängel Majoran
60 ml Olivenöl
2 Lorbeerblätter
1/2 TL getrockneter Thymian
800 g stückige Tomaten (Dose)
400 g Kichererbsen (Dose)
2 l Gemüsebrühe
150 g Rucola
150 g Spinat
150 g Mangold
Salz, Pfeffer
Olivenöl
6 EL Parmesan, gerieben

1 Zwiebel sowie Knoblauchzehen abziehen und beides fein hacken. Möhre schälen und in dünne Scheiben schneiden.

2 Chilischote waschen, halbieren, entkernen, danach fein hacken. Petersilie und Majoran waschen, trocken schütteln und die Kräuter ebenfalls fein hacken.

3 50 ml Olivenöl in einem weiten Topf erhitzen. Zwiebel, Knoblauch, Möhrenscheiben, Lorbeerblätter, Thymian und die gehackte Chilischote hineingeben. Bei mittlerer Hitze ca. 10 Minuten dünsten, dabei ab und zu umrühren.

4 Petersilie und Majoran zugeben. Stückige Tomaten unterrühren und weitere 3 Minuten garen.

5 Kichererbsen in einem Sieb kurz kalt abbrausen und abtropfen lassen. Dann mit in den Topf geben. Das Ganze mit Gemüsebrühe aufgießen und die Suppe weitere 30 Minuten köcheln lassen.

6 Rucola, Spinat und Mangold putzen und gründlich waschen. Blattgemüse hacken und dann zur Suppe geben. Noch 10 Minuten köcheln lassen, dann mit Salz und Pfeffer abschmecken.

7 Die Kichererbsensuppe in Schälchen anrichten und mit etwas Olivenöl beträufeln. Mit geriebenem Parmesan bestreuen und sofort heiß servieren.

gut kombiniert

Zubereitungszeit
30 Min.
Garzeit
40 Min.
Nährwerte pro Person
326 kcal, 1364 kJ,
15 g EW, 19 g F, 24 g KH

Tipp

Kichererbsen sind besonders in den südeuropäischen Mittelmeerländern, im Orient und in Indien wichtiger Bestandteil der Speisekarten.

Bohnensuppe mit Gemüse

Für 6 Personen
200 g getrocknete weiße Bohnen
2 Zwiebeln
2 Knoblauchzehen
2 EL Olivenöl
4 TL gekörnte Gemüsebrühe
4 Stangen Sellerie
2 Möhren
500 g Brokkoli
4 Tomaten
1 kleine Stange Lauch
1 gelbe Paprikaschote
4 Salbeiblätter
2 Rindswürstchen
Salz
Pfeffer aus der Mühle
1 Bd. Petersilie
10 Basilikumblätter

1 Bohnen in 1 1/2 l Wasser einweichen und über Nacht quellen lassen.

2 Zwiebeln und Knoblauchzehen abziehen und fein würfeln. Olivenöl in einem großen Topf erhitzen und Knoblauch sowie Zwiebeln darin goldgelb braten. Bohnen mit Einweichwasser dazugeben, Gemüsebrühe einrühren und Suppe ca. 1 Stunde köcheln lassen.

3 Sellerie waschen, putzen und fein schneiden. Möhren putzen, schälen und in Scheibchen schneiden. Brokkoli waschen, putzen und in Röschen zerteilen. Strunk würfeln.

4 Bis auf die Brokkoliröschen das vorbereitete Gemüse in den Topf geben. Bei Bedarf noch etwas Wasser nachgießen. Suppe 30 Minuten kochen lassen.

5 Tomaten waschen. Für 2 Minuten in die Suppe legen, herausnehmen und Haut abziehen. Fruchtfleisch würfeln. Lauch putzen, waschen und fein schneiden. Paprika waschen, putzen und fein würfeln. Salbei hacken.

6 Tomaten, Lauch, Paprika, Salbei und Brokkoliröschen in die Suppe geben. Noch ca. 10 Minuten köcheln lassen. Würstchen klein schneiden und ebenfalls hineinlegen.

7 Suppe mit Salz und Pfeffer abschmecken. Petersilie abbrausen und fein hacken, dann in die Bohnensuppe rühren. Vor dem Servieren Basilikumblätter in dünne Streifen schneiden. Suppe in Schälchen anrichten und Basilikum darüberstreuen.

Zubereitungszeit
40 Min.
Quellzeit
mind. 12 Std.
Garzeit
110 Min.
Nährwerte pro Person
458 kcal, 1916 kJ,
29 g EW, 18 g F, 44 g KH

Erbsensuppe mit Minze

Für 4 Personen
350 g TK-Erbsen, aufgetaut
1 große Kartoffel
1 l Gemüsebrühe
100 g Sahne
Salz
Muskatnuss, frisch gerieben
2 Stängel Minze

Nährwerte pro Person
171 kcal, 715 kJ,
9 g EW, 9 g F, 16 g KH

1 Die Erbsen in einen Suppentopf geben. Die Kartoffel schälen, waschen und zu den Erbsen reiben.

2 Gemüsebrühe dazugießen und die Suppe 15 Minuten bei mittlerer Hitze kochen lassen.

3 Einige Erbsen mit dem Schaumlöffel zum Garnieren herausnehmen und beseitelegen. Die Erbsensuppe mit dem Stabmixer fein pürieren. Sahne dazugießen und mit Salz und frisch geriebener Muskatnuss abschmecken.

4 Minze mit kaltem Wasser abbrausen, trocken schütteln und Blätter abzupfen. Mit beiseitegelegten Erbsen vor dem Servieren über die Suppe streuen. Heiß servieren.

Zubereitungszeit
15 Min.

raffiniert

Rote-Bete-Suppe mit Zucchini-Walnuss-Ravioli

Für 4 Personen

Für die Ravioli:
1 Ei
2 EL Olivenöl
1 1/2 TL Meersalz
150 g Weizenmehl Type 405
1 Zucchini
1 Knoblauchzehe
Pfeffer
60 g Walnüsse
125 g Ziegenfrischkäse

Für die Suppe:
1 Zwiebel
2 Möhren
1 EL Bratöl
800 ml Gemüsebrühe
330 g Rote Bete (Glas, z. B. von Alnatura)
1/2 TL Pfeffer
2 Stängel Petersilie, gehackt

1 Für die Ravioli 1 EL Wasser mit Ei, 1 EL Olivenöl und 1/2 TL Meersalz verquirlen. Dann das Mehl unterkneten. Teig gut durchkneten und 1 Stunde an einem kühlen Ort ruhen lassen.

2 Zucchini waschen, putzen und würfeln. Knoblauch schälen und pressen. Beides im restlichen Olivenöl 5 Minuten dünsten, mit übrigem Salz und mit Pfeffer würzen. Walnüsse dazugeben und alles pürieren. Ziegenfrischkäse unterrühren.

3 Teig hauchdünn ausrollen. Anschließend in ca. 5 x 10 cm große Streifen schneiden.

4 Je 1 EL Füllung auf die eine Hälfte der Teigblätter geben. Die andere Teighälfte darüberschlagen und die Ränder mit einer Gabel zusammendrücken.

5 Für die Suppe Zwiebel und Möhren putzen und fein würfeln. In einem Topf in Öl andünsten und mit Gemüsebrühe ablöschen.

6 Rote Bete abtropfen lassen und dabei die Flüssigkeit auffangen. Rote Bete würfeln und mit der Abtropfflüssigkeit in den Topf geben. Mit Pfeffer würzen.

7 Die Brühe 5 Minuten kochen lassen. Dann gehackte Petersilie dazugeben. Zucchini-Walnuss-Ravioli in die Brühe geben und das Ganze weitere 10 Minuten köcheln lassen.

Zubereitungszeit
50 Min.

Ruhezeit
1 Std.

Nährwerte pro Person
453 kcal, 1895 kJ,
18 g EW, 23 g F, 44 g KH

tolle Kombination

Möhren-Kokos-Suppe

Für 4 Personen
750 g Möhren
1 Zwiebel
1 EL Sojaöl
Salz
Pfeffer aus der Mühle
800 ml Gemüsebrühe
50 g Kokoscreme
100 g Zuckerschoten
3 EL Kokoschips
1 Bd. Koriander
200 ml Alpro soya Cuisine

Zubereitungszeit
30 Min.

1 Möhren und Zwiebel schälen und klein schneiden. Sojaöl erhitzen, Möhren und Zwiebel darin andünsten. Salzen und pfeffern.

2 Heiße Gemüsebrühe angießen. Kokoscreme unterrühren. Zugedeckt ca. 20 Minuten garen.

3 Zuckerschoten putzen und waschen, längs in feine Streifen schneiden. In kochendem Salzwasser 1 Minute blanchieren. Abgießen, dann mit eiskaltem Wasser abschrecken. In einem Sieb abtropfen lassen.

4 Die Kokoschips in einer Pfanne ohne Fettzugabe goldbraun rösten. Koriander abbrausen, trocken schütteln und Blättchen von den Stängeln zupfen.

5 Suppe grob pürieren. Mit Alpro soya Cuisine verfeinern und abschmecken. In Tassen füllen. Zuckerschotenstreifen, Kokoschips und Korianderblättchen darüberstreuen.

Nährwerte pro Person
289 kcal, 1204 kJ,
4 g EW, 24 g F, 12 g KH

Auberginen-Tomaten-Salat mit Knoblauch

Für 4 Personen
2 Auberginen
Salz
kalt gepresstes Olivenöl
Pfeffer aus der Mühle
6 Tomaten
6 Knoblauchzehen
2 weiße Zwiebeln
6 rote Cocktailtomaten
4 gelbe Cocktailtomaten
4 rote Chilischoten
1 Bd. Basilikum
2 EL Kapern

Zubereitungszeit
30 Min.
Nährwerte pro Person
215 kcal, 900 kJ,
5 g EW, 14 g F, 16 g KH

1 Auberginen putzen, waschen und in Scheiben schneiden. Auberginen in stark gesalzenes kaltes Wasser legen und ca. 20 Minuten ziehen lassen. Anschließend herausnehmen, abtropfen lassen und mit Küchenpapier gründlich trocken tupfen.

2 6 EL Öl in einer Pfanne erhitzen und die Auberginenscheiben von beiden Seiten goldbraun braten. Dann auf Küchenpapier etwas entfetten lassen, mit Salz und frisch gemahlenem Pfeffer würzen, dann das Gemüse warm stellen.

3 Tomaten waschen, halbieren, von den Stielansätzen befreien, entkernen und das Fruchtfleisch in große Viertel schneiden. Knoblauch schälen und halbieren.

4 Zwiebeln schälen und in große Spalten schneiden. Cocktailtomaten waschen und halbieren, dabei Stielansätze entfernen. Chilischoten waschen.

5 In einer Pfanne 4 EL Öl erhitzen. Zwiebelspalten und Knoblauch unter Rühren goldbraun anbraten. Cocktailtomaten und Chilischoten dazugeben und kurz mitbraten. Basilikum waschen, trocken schütteln und Blättchen von den Stielen zupfen.

6 Auberginen, Tomaten, Zwiebelspalten, Knoblauch, Cocktailtomaten, Chilischoten und reichlich Basilikumblätter in einer flachen Schüssel anrichten. Die Kapern darüberstreuen. Mit Salz und Pfeffer würzen und mit 2 – 3 EL Öl beträufeln. Lauwarm servieren.

mediterran

Tipp

Auberginen, auch Eierfrüchte genannt, enthalten im Rohzustand den Giftstoff Solanin und müssen deshalb gedünstet, gebraten oder gekocht werden. Durch das Einlegen in Salzwasser werden der Aubergine die Bitterstoffe entzogen.

Gebratener Gemüsesalat

Für 4 Personen
100 g Zuckerschoten
Salz
200 g rote Spitzpaprika
60 g milde grüne Spitzpaprika
150 g Zucchini
1 rote Zwiebel
1 kleine Knoblauchzehe
4 Artischockenherzen (Dose)
4 EL kalt gepresstes Olivenöl
Pfeffer
3 EL Balsamico-Essig
100 g Cocktailtomaten (wenn möglich rot und gelb)
180 g fettarmer Schafskäse (z. B. von Salakis)
etwas Basilikum zum Garnieren

Zubereitungszeit
35 Min.

1 Die Zuckerschoten waschen und putzen. Dann in kochendem Salzwasser kurz blanchieren und mit eiskaltem Wasser abschrecken. Rote und grüne Spitzpaprika waschen, halbieren, entkernen und in mundgerechte Stücke schneiden.

2 Zucchini waschen und in mundgerechte Scheiben schneiden. Zwiebel abziehen und in Ringe schneiden. Knoblauch schälen und fein hacken. Artischockenherzen vierteln.

3 3 EL Öl in einer tiefen Pfanne oder im Wok erhitzen. Zunächst Knoblauch und Zwiebel, dann das übrige vorbereitete Gemüse darin anbraten. 5 – 6 Minuten braten.

4 Das Gemüse salzen, pfeffern und mit Balsamico-Essig ablöschen. Das Ganze in eine flache Schale geben und etwas abkühlen lassen. Cocktailtomaten waschen, halbieren oder vierteln. Auf dem gebratenen Gemüse verteilen.

5 Schafskäse in Würfelchen brechen und über den Gemüsesalat streuen. Das restliche Öl darüberträufeln und mit dem Basilikum garniert lauwarm oder kalt servieren.

Nährwerte pro Person
225 kcal, 941 kJ,
13 g EW, 15 g F, 9 g KH

mit Schafskäse

französisch

Lauwarmer grüner Spargelsalat

Für 4 Personen
700 g grüner Spargel
Salz
Zucker
300 g Champignons
12 getrocknete Tomaten in Öl (Glas)
1 Bd. Kerbel
3 EL Olivenöl
3 EL Öl, in dem die Tomaten eingelegt waren
3 EL Zitronensaft
200 g Ziegenweichkäse (z. B. Pouligny-Saint-Pierre oder Valencay)

Zubereitungszeit
25 Min.

1 Spargel putzen und das untere Drittel schälen. Die Stangen in kochendem Salzwasser mit etwas Zucker 4 Minuten kochen. Herausnehmen und abtropfen lassen.

2 Die Champignons putzen, wenn nötig abbürsten und dann vierteln. Pilze nach Möglichkeit nicht waschen.

3 Tomaten aus dem Öl nehmen und in Streifen schneiden. Die Kerbelblättchen abzupfen und fein schneiden.

4 In einer Pfanne die Champignons im Olivenöl anschwitzen. Zum Schluss salzen. Pfanne vom Herd nehmen. Die Tomatenstreifen sowie das Tomatenöl dazugeben und dann das Ganze mit Kerbel und Zitronensaft würzig-säuerlich abschmecken.

5 Ziegenkäse zerbröckeln. Zusammen mit der Champignon-Tomaten-Marinade über den Spargel geben. Den Spargelsalat lauwarm servieren.

Nährwerte pro Person
259 kcal, 1084 kJ,
13 g EW, 15 g F, 9 g KH

Tipp

Frische Cranberrys haben von September bis Anfang Januar Saison. Alternativ kann man auch die getrockneten Früchte verwenden, die es in Supermärkten zu kaufen gibt.

immer gut

Spinatsalat mit kandierten Mandeln

Für 4 Personen

1 EL Dijonsenf
1/2 TL Knoblauch, fein gehackt
Saft von 1/2 Zitrone
1 TL Weißweinessig
135 g Zucker
1/8 l Olivenöl
185 g Mandeln, grob gehackt
125 g Babyspinat
125 g frische Cranberrys
100 g frischer Ziegenkäse

Zubereitungszeit
25 Min.

1 Für die Vinaigrette Senf und Knoblauch in eine mittelgroße Schüssel geben. Langsam mit Zitronensaft, Essig und 1 TL Zucker glatt rühren. Langsam Olivenöl einrühren, bis eine homogene Masse entsteht.

2 Backofen auf 120 Grad vorheizen. Auf der Arbeitsfläche Backpapier ausbreiten. Restlichen Zucker in einen mittelgroßen Topf geben und mit 2 EL Wasser und 1 Spritzer Zitronensaft bedecken. Mandeln auf ein Backblech geben und im Ofen erwärmen.

3 Zucker und Wasser zum Kochen bringen und so lange kochen, bis der Zucker goldbraun wird. Topf dabei gelegentlich schwenken, um eine gleichmäßige Färbung zu erhalten. Warme Mandeln einrühren und karamellisierte Kerne sofort auf dem vorbereiteten Backpapier gleichmäßig verteilen. Vollkommen abkühlen lassen, dann grob hacken oder in kleine Stücke brechen.

4 Spinat und Cranberrys waschen und trocken tupfen. Ziegenkäse entrinden und zerkrümeln. Spinat, Cranberrys und Käse in eine große Schüssel geben. Vinaigrette darübergeben, kurz durchmischen und auf Teller verteilen. Mit den kandierten Mandeln bestreuen und servieren.

Nährwerte pro Person
350 kcal, 1464 kJ,
12 g EW, 28 g F, 17 g KH

Gurken-Sesam-Salat

Für 4 Personen
100 g Sesam
Meersalz
2 Gurken
1/2 Bd. Koriander
1/2 Bd. Thai-Basilikum
1 Knoblauchzehe
1 Chilischote
Saft von 1 Limette
2 – 3 EL Sojasoße
(z. B. von Alnatura)
1/2 TL Rohrohrzucker
6 EL Rapsöl
2 EL Sesamöl

1 Sesam in einer Pfanne ohne Fett bei mittlerer Hitze goldbraun rösten und abkühlen lassen. Mit etwas Meersalz in einem Mörser leicht zerstoßen.

2 Gurken waschen, trocken tupfen und längs in feine Scheiben schneiden.

3 Für das Dressing Koriander und Thai-Basilikum waschen, trocken schütteln grob hacken. Knoblauch schälen, fein hacken. Chilischote waschen, längs aufschneiden, von Kernen befreien und fein würfeln.

4 Koriander, Basilikum, Chili und Knoblauch in einer Schüssel mit Limettensaft, Sojasoße, Zucker, Raps- und Sesamöl zu einem Dressing verrühren.

5 Gurken mit dem Dressing mischen und mit dem gerösteten Sesam bestreut servieren.

Zubereitungszeit
20 Min.
Nährwerte pro Person
168 kcal, 691 kJ,
2 g EW, 17 g F, 3 g KH

pikant

Rote-Bete-Salat mit Meerrettichcreme

Für 4 Personen

500 g Rote Bete, gegart und geschält
1 rote Zwiebel
1 Bd. Schnittlauch
1 Schalotte
200 g Cremefine zum Verfeinern
2 – 3 TL naturscharfer Meerrettich (Glas)
2 EL Weißweinessig
Salz
Pfeffer aus der Mühle
Zucker

Zubereitungszeit

20 Min.

Nährwerte pro Person

160 kcal, 669 kJ,
4 g EW, 10 g F, 13 g KH

Tipp

Zu diesem Rote-Bete-Salat passt geräucherter Fisch, z. B. Forelle oder Renke.

1 Rote Bete in Würfel schneiden. Rote Zwiebel schälen, halbieren und in feine Streifen schneiden. Schnittlauch waschen, trocken tupfen und in feine Ringe schneiden.

2 Rote Bete, Zwiebel und Schnittlauch in eine Salatschüssel geben und vermengen. Die Schalotte schälen und in feine Würfel schneiden.

3 Cremefine mit Meerrettich und Weißweinessig zu einer glatten Creme verrühren. Die gewürfelte Schalotte dazugeben und das Ganze mit Salz, frisch gemahlenem Pfeffer und Zucker abschmecken.

4 Dressing über die Rote Bete geben. Gut unterrühren, kurz durchziehen lassen und servieren.

würzig

fürs Picknick

Paprikasalat

Für 4 Personen
je 2 grüne und rote Paprikaschoten
100 g frische Champignons
je 10 EL Kresse und Schnittlauch in Röllchen
2 EL Distelöl
2 TL Zitronensaft
1 TL Honig
2 Spritzer Worcestersoße
Salz, Pfeffer
300 g Königskrabben, verzehrfertig

1 Paprikaschoten waschen, von Stielen, Kernen sowie weißen Innenhäuten befreien und in feine Streifen schneiden. Champignons putzen und in feine Scheiben schneiden. Mit Schnittlauch und Kresse mischen.

2 Aus Distelöl, Zitronensaft, Honig, Worcestersoße, Salz und Pfeffer ein Dressing rühren und unter den Salat mischen. Die Krabben dazugeben und nach Wunsch das Ganze in 4 verschließbare Gläser oder Dosen geben.

Zubereitungszeit
20 Min.
Nährwerte pro Person
227 kcal, 950 kJ,
21 g EW, 8 g F, 16 g KH

Tipp

Garnieren Sie den Salat vor dem Servieren mit etwas Brunnenkresse und rotem Basilikum. Das ist dekorativ und würzig. Reichen Sie frisches Vollkornbrot zum Salat.

Lauwarmer Tomatensalat

Für 4 Personen
800 g Tomaten
4 EL Olivenöl
2 EL Honig
2 EL Zitronensaft
2 EL Harissapaste
Salz
Pfeffer aus der Mühle
1/2 TL Ingwerpulver
2 EL Mandelstifte, geröstet

Zubereitungszeit
15 Min.
Garzeit
30 Min.

1 Backofen auf 150 Grad vorheizen. Tomaten waschen, quer halbieren und mit den Schnittflächen nach oben in eine Auflaufform geben. Olivenöl darübergießen und dann 30 Minuten backen.

2 Tomaten etwas abkühlen lassen. Fruchtfleisch aus der Haut löffeln und hacken.

3 Die Garflüssigkeit der Tomaten in einen Topf geben, erhitzen, mit Honig verrühren und einkochen lassen. Mit Zitronensaft, Harissa, Salz, frisch gemahlenem Pfeffer und Ingwer würzen.

4 Dressing mit Tomaten vermischen und kurz durchziehen lassen. Mit Mandeln bestreuen und lauwarm servieren.

Nährwerte pro Person
172 kcal, 720 kJ,
4 g EW, 10 g F, 15 g KH

Tipp

Harissa ist eine scharfe Würzpaste aus Tunesien. Sie besteht aus Chilischoten und zahlreichen Gewürzen wie Kreuzkümmel und Koriander.

Champignon-Spargel-Salat

Für 4 Personen
500 g weißer Spargel
Salz
1 EL Butter
1/2 TL Zucker
200 g kleine Champignons
Saft von 1 Zitrone
3 EL Himbeeressig
Pfeffer aus der Mühle
1/4 TL gemahlener Koriander
6 EL Walnussöl
1 Kästchen Kresse

Zubereitungszeit
25 Min.

1 Spargel waschen, schälen und holzige Enden abschneiden. Reichlich Salzwasser zum Kochen bringen, Butter und Zucker einrühren und Spargel darin in ca. 15 Minuten garen. Anschließend herausnehmen, abtropfen und abkühlen lassen.

2 Pilze gut abbürsten, putzen und mit einem scharfen Messer in Scheiben schneiden. In eine Schüssel geben und mit Zitronensaft vermischen. Gekochten Spargel in ca. 4 cm lange Stücke schneiden.

3 Essig mit etwas Salz, Pfeffer und Koriander verrühren, Öl nach und nach unterschlagen. Kresse vom Beet schneiden, waschen und trocken tupfen.

4 Champignons abtropfen lassen, trocken tupfen und mit Spargel und Salatsoße vermischen. Kurz ziehen lassen.

5 Champignon-Spargel-Salat in Schalen anrichten und mit Kresse bestreut servieren.

Nährwerte pro Person
222 kcal, 929 kJ,
5 g EW, 18 g F, 10 g KH

… mit Nudeln, Reis & Co.

Spaghetti mit Gemüsesoße (Abb. S. 43)

Für 4 Personen
1 Bd. Suppengrün
1 Zwiebel
1 – 2 Knoblauchzehen
2 EL Olivenöl
250 ml Gemüsebrühe
250 g Kochsahne
4 geh. EL Soßenbinder für Gemüse (z. B. von Mondamin)
500 g Spaghetti
Salz
1 Limette (unbehandelt)
Pfeffer
100 g Schafskäse

Zubereitungszeit
40 Min.

1 Suppengrün putzen, waschen und sehr fein würfeln. Zwiebel sowie Knoblauch schälen und beides in Würfel schneiden.

2 Olivenöl in einer Pfanne erhitzen. Zwiebel und Knoblauch darin unter Rühren kurz anbraten. Gemüse zugeben und 5 Minuten dünsten.

3 Gemüsebrühe und Sahne angießen und aufkochen. Soßenbinder einrühren und 1 Minute kochen lassen.

4 In der Zwischenzeit Spaghetti in reichlich kochendem Salzwasser nach Packungsanweisung al dente kochen.

5 Limette heiß waschen, trocken reiben und die Schale abreiben. Den Saft auspressen. Limettenschale in die Soße einrühren. Die Gemüsesoße mit Limettensaft, Salz und Pfeffer abschmecken.

6 Spaghetti abgießen und mit der Gemüsesoße anrichten. Schafskäse darüberbröckeln und heiß servieren.

Nährwerte pro Person
719 kcal, 3008 kJ,
23 g EW, 19 g F, 104 g KH

Pasta mit Ofengemüse

Für 4 Personen
1 Aubergine
2 Zucchini
je 1 rote und gelbe Paprikaschote
450 g Tomaten
1 Zwiebel
3 Knoblauchzehen
50 ml Olivenöl
Salz
Pfeffer aus der Mühle
450 g Penne
1/4 l passierte Tomaten
50 g schwarze Oliven, entsteint und halbiert
3 EL Basilikum, klein gehackt
Parmesan, frisch gerieben

1 Aubergine, Zucchini und Tomaten waschen, putzen und in mundgerechte Stücke schneiden. Paprikaschoten putzen, vierteln, von den weißen Innenhäuten und Kernen befreien und in Stücke schneiden. Zwiebel schälen und ebenfalls würfeln, Knoblauch schälen und klein hacken.

2 Gemüse auf ein Backblech legen und mit Öl beträufeln. Mit Salz und Pfeffer würzen und alles gut vermischen. Im vorgeheizten Ofen bei 240 Grad ca. 20 Minuten backen, bis das Gemüse weich und goldgelb ist. Zwischendurch wenden.

3 Penne in reichlich Salzwasser nach Packungsanweisung bissfest kochen.

4 Gemüse zusammen mit den passierten Tomaten und den Oliven in einen Topf geben und unter Rühren erhitzen. Die abgetropften Nudeln zum Gemüse geben und vermischen.

5 Die Nudeln mit dem Gemüse auf Tellern anrichten. Mit Basilikum garniert servieren. Parmesan dazu reichen.

Zubereitungszeit
35 Min.

Nährwerte pro Person
690 kcal, 2885 kJ,
22 g EW, 20 g F, 93 g KH

Spaghetti mit Blattspinat

Für 4 Personen
500 g junger Spinat
1 Schalotte
3 Knoblauchzehen
1 rote Chilischote
500 g Spaghetti
Salz
4 EL Olivenöl
Pfeffer aus der Mühle
4 EL Parmesan, gerieben
einige Parmesanspäne zum Garnieren

1 Spinat verlesen, putzen, waschen und in einem Sieb abtropfen lassen. Einige schöne Blätter zum Garnieren beiseitelegen.

2 Schalotte und Knoblauch schälen und möglichst fein hacken. Chilischote waschen, trocken tupfen und entkernen. Dann in sehr feine Streifen schneiden.

3 Spaghetti in reichlich Salzwasser in ca. 8 Minuten nach Packungsanweisung al dente kochen.

4 Olivenöl erhitzen. Schalotten und Knoblauch darin glasig dünsten. Chili einschwenken. Mit Salz und frisch gemahlenem Pfeffer würzen, dann den Spinat zugeben und bei großer Hitze unter gelegentlichem Wenden zusammenfallen lassen.

5 Spinat mit Salz und Pfeffer abschmecken. Nudeln abgießen und in einem Küchensieb abtropfen lassen.

6 Nudeln auf Teller geben und den Spinat darauf anrichten. Mit beiseitegelegten Spinatblättern und geriebenem Parmesan bestreuen. Als Garnitur einige größere Parmesanspäne daraufsetzen.

Zubereitungszeit
30 Min.
Nährwerte pro Person
628 kcal, 2628 kJ,
26 g EW, 18 g F, 88 g KH

ganz einfach

Spaghetti alla Puttanesca

Für 4 Personen

500 g reife Tomaten
100 g entsteinte schwarze Oliven (Glas)
3 EL Kapern
6 Sardellenfilets
1 scharfe Peperoni
4 Knoblauchzehen
1 Zwiebel
6 EL Olivenöl
100 ml trockener Rotwein
2 EL Tomatenmark
500 g Spaghetti
Salz
Pfeffer
Petersilie zum Garnieren

Zubereitungszeit

40 Min.

Nährwerte pro Person

636 kcal, 2661 kJ,
27 g EW, 22 g F, 77 g KH

1 Tomaten kreuzweise einritzen, mit kochendem Wasser überbrühen und häuten. Dann Tomaten halbieren, Kerne entfernen und das Fruchtfleisch in grobe Würfel schneiden.

2 Oliven sowie Kapern abtropfen lassen, Kapern fein hacken. Sardellenfilets abspülen, trocken tupfen und mit einer Gabel zerdrücken. Peperoni putzen, waschen und längs halbieren. Entkernen und in dünne Streifen schneiden.

3 Knoblauchzehen sowie Zwiebel abziehen und beides fein würfeln. Olivenöl erhitzen und Knoblauch mit Zwiebel andünsten. Die Peperoni zugeben und mitdünsten.

4 Rotwein angießen. Dann Tomatenwürfel, Tomatenmark und zerdrückte Sardellenfilets hinzufügen. Das Ganze ca. 15 Minuten bei milder Hitze köcheln lassen. Dabei ab und zu umrühren.

5 In der Zwischenzeit Spaghetti nach Packungsanweisung in gesalzenem Wasser al dente kochen. Kurz vor Garzeitende Kapern und Oliven zur Soße geben. Das Ganze mit Salz und Pfeffer abschmecken.

6 Spaghetti abgießen und in einem Küchensieb abtropfen lassen. Mit der Soße vermengen und auf Tellern anrichten. Mit Petersilie garniert servieren.

Tipp

Neben Spaghetti eignen sich auch kleinere Pastasorten wie Casarecce oder Orecchiette hervorragend für diese Soße. Italiener würzen sie oft auch noch mit frisch gehacktem Oregano. Außerdem schmeckt frisch geriebener Pecorino dazu.

mit Kapern & Oliven

mal etwas Neues

Tagliatelle mit grünem Spargel und Avocado

Für 4 Personen
Salz
400 g Tagliatelle
2 Zucchini
2 rote Zwiebeln
12 Stangen grüner Spargel
2 Avocados
8 EL Zitronensaft
8 EL Olivenöl
4 EL kleine violette Oliven
2 EL Petersilie, gehackt
Parmesan

Zubereitungszeit
35 Min.
Nährwerte pro Person
768 kcal, 3213 kJ,
19 g EW, 41 g F, 80 g KH

1 In einem großen Topf Salzwasser zum Kochen bringen, Tagliatelle hinzufügen und nach Packungsanweisung bissfest garen.

2 Zucchini putzen, waschen und in dünne, gleichmäßige Scheiben schneiden. Zwiebeln schälen, längs halbieren und quer in sehr dünne Streifen schneiden. Spargel waschen, das untere Drittel schälen, holzige Enden entfernen und die Stangen in kochendem Salzwasser ca. 10 Minuten garen. Abgießen, abschrecken und in Stücke schneiden.

3 Avocados halbieren, die Steine entfernen, das Fruchtfleisch schälen und dieses in Würfel schneiden. Sofort mit 2 EL Zitronensaft beträufeln, damit es nicht braun wird.

4 Olivenöl mit restlichem Zitronensaft verrühren. Nudeln, Zucchini, Zwiebeln, Spargel und Avocados vermischen. Oliven entsteinen und mit der Petersilie dazugeben, dann mit der Vinaigrette verrühren. Salzen, pfeffern und zum Schluss Parmesan darüberhobeln.

Tipp

Avocados bieten 10–15 % Fett – den höchsten Fettgehalt aller Früchte. Doch 3/4 davon sind gesunde mehrfach ungesättigte Fettsäuren. Zudem enthalten sie Kohlenhydrate, die den Blutzuckerspiegel senken. Gehirn und Nerven werden so besser versorgt, und Übergewichtige, bei denen die Fettverbrennung bislang durch das Hormon Insulin blockiert wurde, können leichter abspecken.

Tipp

Sollten Sie keinen frischen Spinat bekommen, aber auf Ihre Lasagne nicht verzichten wollen, können Sie auch TK-Ware verwenden. 1 kg Spinat auftauen und abtropfen lassen, leicht auspressen und in Streifen schneiden. Dann wie unten beschrieben weitermachen.
Geben Sie zur Spinat-Sahne-Mischung auch mal 3 gehäutete, fein gewürfelte Tomaten. Das gibt der Lasagne einen frisch-fruchtigen Geschmack.

für Gäste

Spinatlasagne

Für 4 Personen

1 1/2 kg Blattspinat
1 Zwiebel
2 Knoblauchzehen
1 EL Butter
150 g Sahne
150 g Möhren
200 g Gorgonzola
100 g Crème fraîche
Salz
Pfeffer aus der Mühle
Muskatnuss
Butter für die Auflaufform
250 g Lasagneblätter (ohne Vorkochen)
150 g Emmentaler, gerieben
Salbeiblätter zum Garnieren

Nährwerte pro Person

691 kcal, 2891 kJ,
36 g EW, 49 g F, 26 g KH

1 Spinat putzen und gründlich waschen. In einem Sieb gut abtropfen lassen und dann in breite Streifen schneiden.

2 Zwiebel und Knoblauch abziehen, beides fein hacken. Butter in einem Topf erhitzen, Zwiebel und Knoblauch darin andünsten.

3 Spinat in den Topf geben und 3 Minuten mitdünsten. Sahne angießen und ein wenig einkochen lassen.

4 Für die Käsesoße die Möhren schälen und sehr fein raspeln. Gorgonzola von der Rinde befreien, klein schneiden und mit der Crème fraîche in einen Topf geben.

5 Käse erhitzen und zum Schmelzen bringen. Mit Salz, Pfeffer und etwas frisch geriebener Muskatnuss würzen, dann die geraspelten Möhren unterrühren.

6 Backofen auf 180 Grad vorheizen. Eine ausreichend große Auflaufform buttern. Abwechselnd je 1 Schicht Lasagneblätter, Käsesoße und Spinat-Sahne-Mischung einschichten.

7 Die Lasagne mit Spinat abschließen. Geriebenen Emmentaler auf der Spinatschicht verteilen.

8 Lasagne im Ofen ca. 35 Minuten backen. Salbeiblättchen waschen, trocken tupfen und Gericht damit garnieren. Heiß servieren.

Zubereitungszeit
40 Min.
Garzeit
35 Min.

Reisnudeln mit Wirsing und roter Kokossoße

Für 4 Personen
400 g Wirsing
250 g Reisnudeln
1 Schalotte
2 Knoblauchzehen
1 EL Sesamöl
1 – 2 EL rote Currypaste
1/2 TL Fünf-Gewürze-Pulver
200 ml Kokosmilch
2 EL Limettensaft
100 ml Gemüsebrühe
Salz
50 g Sojasprossen

Zubereitungszeit
30 Min.

1 Wirsing putzen, waschen und abtropfen lassen. Dann die Blätter in mundgerechte Stücke zupfen oder in Streifen schneiden. Die Reisnudeln nach Packungsanweisung in reichlich Wasser garen, anschließend abgießen.

2 Schalotte sowie Knoblauch schälen und beides fein hacken. Sesamöl im Wok oder in einer großen Pfanne erhitzen. Schalotte und Knoblauch zugeben und kurz darin andünsten.

3 Die rote Currypaste sowie Fünf-Gewürze-Pulver zu Zwiebel und Knoblauch geben. Unter Rühren kurz mit angehen lassen. Anschließend mit Kokosmilch, Limettensaft und Gemüsebrühe aufgießen und aufkochen lassen; dabei immer wieder umrühren.

4 Das Ganze ca. 5 Minuten leise köcheln lassen, dann mit Salz abschmecken. Wirsing zugeben und weitere 5 – 7 Minuten sanft köcheln lassen. Anschließend Sojasprossen unterheben. Alles nochmals 1 – 2 Minuten ziehen lassen.

5 Reisnudeln in Schälchen oder auf Teller geben. Den Wirsing in roter Kokossoße darauf anrichten und das Ganze heiß servieren.

leicht

Nährwerte pro Person
177 kcal, 741 kJ,
7 g EW, 5 g F, 24 g KH

Tipp

Reisnudeln werden aus Reismehl hergestellt. Es gibt sie getrocknet in unterschiedlichen Stärken zu kaufen.
Das 5-Gewürze-Pulver, auch chinesische Gewürzmischung genannt, ist eine Mischung aus Pfeffer, Fenchel, Zimt, Anis und Nelken.

Eiernudeln mit gebratenem Gemüse

Für 4 Personen
je 1 rote und grüne Paprikaschote
1 Stange Sellerie
200 g Räuchertofu
1 Schalotte
2 Knoblauchzehen
1 Stiel Zitronengras
250 g chinesische Eiernudeln
Salz
2 EL Sesamöl
1/2 TL Curry
1 TL Wok-Gewürzmischung
4 EL Sojasoße
150 ml Gemüsebrühe
2 EL Limettensaft
1 Bd. Thai-Basilikum

1 Paprika und Selleriestange waschen, putzen und in schmale Streifen bzw. Scheibchen schneiden. Räuchertofu trocken tupfen und in Würfel schneiden.

2 Schalotte und Knoblauch schälen und fein hacken. Zitronengras putzen, waschen und den unteren Teil möglichst fein hacken. Eiernudeln in reichlich gesalzenem Wasser nach Packungsanweisung garen.

3 Sesamöl im Wok erhitzen. Knoblauch und Schalotten darin andünsten. Dann Paprika, Sellerie und Tofu zugeben und unter Rühren ca. 3 Minuten braten.

4 Curry darüberstreuen und das Zitronengras untermischen. Dann das Ganze mit der Wok-Gewürzmischung würzen. Sojasoße, Gemüsebrühe und Limettensaft dazugeben. Kurz köcheln lassen und dann nochmals mit Gewürzen abschmecken.

5 Eiernudeln abgießen und abtropfen lassen. Mit dem Gemüse aus dem Wok vermengen und mit Thai-Basilikum garniert servieren.

Zubereitungszeit
30 Min.
Nährwerte pro Person
264 kcal, 1105 kJ,
15 g EW, 13 g F, 21 g KH

unkompliziert

Tipp

Zitronengras ist ein schilfartiges Gras mit Zitrusaroma. Frisches Zitronengras lässt sich gut auf Vorrat einfrieren. Es ist aber auch getrocknet in Stücken und gemahlen erhältlich. Thai-Basilikum hat ein süßliches Aroma und ähnelt dem in Europa verwendeten Basilikum. Es wird besonders zum Würzen von Currygerichten verwendet.

Asia-Style

Glasnudelpfanne mit Tofu und Gemüse

Für 4 Personen
2 Möhren
1 rote Paprika
1 Stange Lauch
3 cm frischer Ingwer
8 Riesenchampignons
100 g Austernpilze
1 Handvoll getrocknete Morcheln
500 g geräucherter Tofu
150 g Glasnudeln
Öl zum Frittieren
100 ml Gemüsebrühe
Salz
Pfeffer
Sojasoße

Zubereitungszeit
40 Min.

Nährwerte pro Person
484 kcal, 2025 kJ,
31 g EW, 26 g F, 33 g KH

1 Möhren waschen, schälen und in Juliennestreifen schneiden. Paprika waschen, Kerne und Innenhäute entfernen. Fruchtfleisch in lange schmale Streifen schneiden. Lauch waschen, putzen und in Ringe schneiden.

2 Ingwer schälen und in sehr dünne Scheiben schneiden. Champignons mit Küchenpapier abreiben und in Scheiben schneiden. Die Austernpilze in ca. 1 cm breite Streifen schneiden. Morcheln in lauwarmem Wasser einweichen.

3 Tofu trocken tupfen und in ca. 1,5 cm große Würfel schneiden. Glasnudeln in lauwarmem Wasser einweichen.

4 In einer tiefen Pfanne reichlich Frittieröl erhitzen. Tofu darin goldgelb frittieren, auf Küchenpapier entfetten und im Ofen bei 80 Grad warm halten.

5 Morcheln abtropfen lassen und frittieren. Austernpilze ebenfalls frittieren und beides auf Küchenpapier entfetten. Zum Tofu geben.

6 In der Zwischenzeit in einer weiteren Pfanne 2 EL Öl erhitzen. Lauch zusammen mit Möhren, Ingwer und Paprika andünsten. Mit Brühe aufgießen und einmal kräftig aufkochen. Champignons zugeben und kurz mitkochen.

7 Glasnudeln abtropfen lassen, kleiner schneiden und kurz frittieren. Mit den anderen Zutaten zum Gemüse in die Pfanne geben und mit Salz, Pfeffer sowie Sojasoße abschmecken.

Buntes Taboulé

Für 4 Personen

Salz
150 g Bulgur
300 g feste Tomaten
1 kleine Gurke
1 Bd. Frühlingszwiebeln
1 Bd. Minze
1 Bd. Petersilie
Saft von 1 Zitrone
5 EL Olivenöl
1/2 TL Kreuzkümmel
1/2 TL Paprikapulver edelsüß
Pfeffer aus der Mühle

Zubereitungszeit
30 Min.
Ziehzeit
45 Min.

1 300 ml Wasser aufkochen, etwas Salz zugeben und den Bulgur in einer Schüssel damit übergießen. Anschließend nach Packungsanweisung quellen lassen.

2 Tomaten mit kaltem Wasser waschen, trocken reiben und fein würfeln. Gurke schälen, längs halbieren, entkernen und dann das Fruchtfleisch fein würfeln. Die Frühlingszwiebeln kalt waschen, putzen und in feine Röllchen schneiden.

3 Minze und Petersilie abbrausen, trocken schütteln und dann ohne die groben Stielenden hacken.

4 Bulgur, geschnittenes Gemüse sowie die Kräuter miteinander vermengen. Zitronensaft darüberträufeln. Olivenöl mit Kreuzkümmel und Paprika vermischen.

5 Das Öl über den Bulgur geben. Gut durchmischen und würzig mit Salz sowie frisch gemahlenem Pfeffer abschmecken.

6 Das Gericht vor dem Servieren ca. 45 Minuten durchziehen lassen.

Nährwerte pro Person
318 kcal, 1331 kJ,
7 g EW, 14 g F, 40 g KH

Couscous mit Fleisch und Gemüse

Für 4 Personen

3 Möhren
1 Zwiebel
400 g Couscous
100 g Maiskörner (Dose)
100 g TK-Erbsen
4 EL Olivenöl
300 g geschnetzeltes Rindfleisch
Salz
Pfeffer
1/2 TL Kreuzkümmelpulver
1 Prise Chilipulver
Schnittlauch

1 Möhren schälen, waschen und in kleine Würfel schneiden. Zwiebel schälen und fein hacken. Couscous nach Packungsanweisung garen. Maiskörner abtropfen lassen, Erbsen auftauen.

2 Olivenöl in einer Pfanne erhitzen und die Möhrenwürfel unter Rühren darin andünsten. Die gehackte Zwiebel dazugeben und glasig dünsten. Anschließend das Rindfleisch in die Pfanne geben, mit Salz und Pfeffer würzen und bei mittlerer Hitze braten. Dabei immer wieder umrühren.

3 Maiskörner und Erbsen dazugeben, kurz mitdünsten und den Couscous dazurühren. Mit Kreuzkümmel und Chilipulver würzen, mit Salz und Pfeffer abschmecken.

4 Den Couscous mit Schnittlauch garnieren und heiß servieren.

Zubereitungszeit
30 Min.
Nährwerte pro Person
578 kcal, 2418 kJ,
29 EW, 16 g F, 80 g KH

Marinierter Spargel mit Gorgonzolapolenta

Für 4 Personen
350 ml Vollmilch
20 g Süßrahmbutter
1 gestr. TL Rohrohrzucker
Meersalz
Pfeffer aus der Mühle
175 g Polenta (z. B. von Alnatura)
100 g Gorgonzola
1 Bd. glatte Petersilie
4 Eier, hart gekocht
3 Zitronen (unbehandelt)
1 kg grüner Spargel
2 Knoblauchzehen
5 EL Olivenöl
1 Msp. gemahlener Kreuzkümmel
150 g luftgetrockneter Bauernschinken

1 Für die Polenta Milch und 350 ml Wasser in einen Topf geben. Mit Butter, Zucker, etwas Meersalz und frisch gemahlenem Pfeffer zum Kochen bringen.

2 Polenta einrühren, aufkochen und bei milder Hitze unter gelegentlichem Umrühren ausquellen lassen. Gorgonzola in ca. 1 cm große Stücke schneiden und unterrühren. Die Polenta in eine Schüssel füllen und abkühlen lassen.

3 Für den Spargel zunächst die Marinade vorbereiten. Petersilie waschen, trocken schütteln und hacken. Hart gekochte Eier schälen und klein würfeln. 1 Zitrone heiß waschen und trocken reiben. Die Schale von 1/2 Zitrone abreiben.

fein

4 Zitronen auspressen und deren Saft mit 100 ml Wasser, Petersilie und Eiern mischen. Mit Meersalz und Pfeffer würzen.

5 Spargel waschen, Enden abschneiden und unteres Drittel der Stangen schälen. Knoblauchzehen abziehen und in sehr feine Scheibchen schneiden.

6 Olivenöl in einer großen, schweren Pfanne erhitzen. Spargelstangen portionsweise hineingeben. Mit Knoblauchscheiben, Kreuzkümmel, Meersalz und Pfeffer würzen. Spargel ringsum einige Minuten anbraten und leicht bräunen.

7 Spargelstangen in eine Auflaufform geben. Mit der Marinade beträufeln und ca. 30 Minuten durchziehen lassen.

8 Polenta stürzen, in Scheiben schneiden und mit dem marinierten Spargel anrichten. Dazu luftgetrockneten Schinken reichen.

Zubereitungszeit
45 Min.
Marinierzeit
30 Min.
Nährwerte pro Person
670 kcal, 2803 kJ,
34 g EW, 38 g F, 47 g KH

Tipp
Kreuzkümmel wird auch Cumin genannt.

Kürbisrisotto

Für 4 Personen
1 Zwiebel
4 EL Pflanzencreme
250 g Risottoreis
500 ml Gemüsebrühe
100 ml Cremefine zum Kochen
Salz
Pfeffer
600 g Kürbisfruchtfleisch (z. B. Hokkaido)
125 ml Weißwein
1 TL Honig
2 Frühlingszwiebeln
1 EL Petersilie, frisch gehackt
1 TL Thymianblättchen
50 g Parmesan, gerieben

Zubereitungszeit
40 Min.
Nährwerte pro Person
466 kcal, 1950 kJ,
11 g EW, 19 g F, 60 g KH

1 Zwiebel schälen, fein würfeln und in einem Topf in 2 EL heißer Pflanzencreme andünsten. Risottoreis zugeben und kurz mitdünsten, bis er glasig wird. Dabei häufig umrühren.

2 Gemüsebrühe und Cremefine dazugießen. Den Reis bei schwacher Hitze ca. 20 Minuten garen. Immer wieder umrühren. Mit Salz und Pfeffer abschmecken.

3 In der Zwischenzeit Kürbisfruchtfleisch in ca. 1 cm große Würfel schneiden. In der restlichen Pflanzencreme andünsten. Weißwein sowie Honig zufügen und zugedeckt 3 – 5 Minuten bei schwacher Hitze dünsten. Mit Salz und Pfeffer abschmecken.

4 Frühlingszwiebeln putzen, waschen und in feine Ringe schneiden. Mit Petersilie, Thymian, Parmesan und Kürbisfleisch unter das Risotto mischen. Heiß servieren.

Tipp

Die Gemüsebrühe kann auch nach und nach unter Rühren zugegossen werden. Dabei darauf achten, dass immer noch ein bisschen Flüssigkeit im Topf ist und nichts am Topfboden ansetzt.

herbstlich

aus Thailand

Tipp

Currypasten sind in Thailand Basis vieler Currygerichte. Sie bestehen aus einer Vielzahl verschiedener Gewürze und Kräuter, vor allem aber aus Chilischoten, die im Mörser zerstampft werden.
Die bekanntesten Sorten sind rote, grüne, gelbe und geröstete Currypasten. Es gibt sie in verschiedenen Schärfegraden. Bei uns erhalten Sie das Würzmittel in fast jedem gut sortierten Supermarkt oder im Asialaden.

Gebratener Gemüsereis

Für 4 Personen

150 g Basmatireis
Salz
1 Salatgurke
3 Frühlingszwiebeln
80 g grüne Bohnen
1 Zwiebel
2 Knoblauchzehen
100 g Mais (Dose)
2 EL Öl
2 EL helle Sojasoße
2 TL grüne Thai-Curry-Paste
Pfeffer aus der Mühle
1 Limette (unbehandelt)

Zubereitungszeit

30 Min.

Nährwerte pro Person

176 kcal, 737 kJ,
6 g EW, 8 g F, 22 g KH

1 Reis in einem Sieb unter fließendem kaltem Wasser waschen, dann in 300 ml leicht gesalzenem Wasser aufkochen und zugedeckt bei geringer Hitze ca. 20 Minuten quellen lassen. Danach Reis vom Herd nehmen und auskühlen lassen.

2 Salatgurke schälen, längs halbieren, mit einem Löffel entkernen und das Fruchtfleisch in Würfel schneiden. Frühlingszwiebeln waschen, trocken tupfen und schräg in ca. 2 cm große Stücke schneiden.

3 Die grünen Bohnen waschen, putzen und in ca. 1 cm große Stücke schneiden. Die Zwiebel schälen und fein würfeln. Knoblauch schälen und fein hacken. Mais in einem Sieb abtropfen lassen.

4 Öl in einem Wok oder einer großen Pfanne erhitzen, Knoblauch und Zwiebel darin unter Rühren 2 Minuten braten, Bohnen zugeben und weitere 3 Minuten braten.

5 Mais und Reis zugeben und nochmals 5 Minuten braten. Mit Sojasoße, Currypaste, Salz und Pfeffer würzen und weitere 2 Minuten braten.

6 Zum Schluss die Gurkenwürfel und Frühlingszwiebeln untermengen. Reis in Schälchen füllen.

7 Limette heiß waschen, trocken tupfen, in Schnitze schneiden und jede Portion damit garnieren.

Tipp

Mascarpone ist ein italienischer Frischkäse aus Sauerrahm. Er ist sehr cremig und schmeckt leicht nach Butter. Er wird hauptsächlich für die Zubereitung von süßen Desserts verwendet, eignet sich aber auch für Hauptgerichte, denen er einen frischen und sahnigen Geschmack verleiht.

aromatisch

Tomaten mit Reisfüllung

Für 4 Personen

4 große Fleischtomaten
1 Zwiebel
3 Knoblauchzehen
1 EL Butter
1 EL Schweineschmalz
125 g Risottoreis
8 EL trockener Weißwein
1/4 l Fleischbrühe
120 g Parmesan, frisch gerieben
3 EL Mascarpone light (z. B. von Galbani)
Fett für die Form
400 g frischer Blattspinat
2 EL Olivenöl
Salz
Pfeffer aus der Mühle
30 g Pinienkerne

Nährwerte pro Person

495 kcal, 2074 kJ,
19 g EW, 32 g F, 28 g KH

1 Tomaten waschen und mit Küchenpapier trocken tupfen. Jeweils einen Deckel abschneiden und die Tomaten vorsichtig mit einem Teelöffel aushöhlen. Das ausgelöste Tomatenfruchtfleisch würfeln und beiseitestellen.

2 Zwiebel und Knoblauch abziehen, Zwiebel würfeln, Knoblauch zerdrücken.

3 Butter und Schmalz in einem Topf erhitzen. Zwiebel und 1/3 des Knoblauchs darin anbraten. Reis dazugeben und ebenfalls anbraten. Wein und heiße Brühe nach und nach dazugießen und den Reis zugedeckt bei schwacher Hitze ca. 25 Minuten garen, bis alle Flüssigkeit aufgenommen ist. Dabei immer wieder umrühren.

4 Backofen auf 180 Grad vorheizen. Parmesan und Mascarpone unter den Reis mischen und die Füllung mit einem Teelöffel in die ausgehöhlten Tomaten geben. Deckel auflegen und Tomaten in eine feuerfeste, gefettete Form setzen. Im Ofen ca. 15 Minuten backen.

5 Inzwischen Spinat verlesen und waschen. Olivenöl in einem Topf erhitzen und übrigen Knoblauch darin andünsten. Spinat tropfnass mit dem gewürfelten Tomatenfruchtfleisch dazugeben. Das Ganze zugedeckt bei mittlerer Hitze ca. 5 Minuten dünsten. Mit Salz und Pfeffer abschmecken.

6 Pinienkerne in einer Pfanne ohne Fett goldgelb rösten. Spinat auf Tellern anrichten und die gratinierten Tomaten daneben setzen. Mit den Pinienkernen bestreut servieren.

Zubereitungszeit
35 Min.
Garzeit
40 Min.

Zucchiniblüten mit Reisfüllung

Für 4 Personen
8 Zucchiniblüten mit Zucchini
1 Zwiebel
1/2 Bd. Dill
1/2 Bd. Minze
80 g Langkornreis
8 EL Tomatenmark
2 EL Olivenöl
Salz
Pfeffer aus der Mühle
Minze zum Garnieren

Zubereitungszeit
35 Min.
Garzeit
30 Min.
Nährwerte pro Person
354 kcal, 1481 kJ,
20 g EW, 11 g F, 43 g KH

1 Stempel und Staubgefäße vorsichtig aus dem Inneren der Zucchiniblüten herausschneiden, dabei die Blüten nicht von den Zucchini lösen. Dann die kleinen grünen Kelchblätter unterhalb der Blüten entfernen.

2 Eine Schüssel mit kaltem Wasser füllen. Blüten vorsichtig darin schwenken und gut abtropfen lassen.

3 Die Zwiebel abziehen, halbieren und in feine Würfel schneiden. Dill und Minze unter fließendem kaltem Wasser waschen, trocken schütteln und sehr fein hacken.

4 Reis in ein Sieb geben, waschen und abtropfen lassen. Dann mit Tomatenmark, Olivenöl, gehackten Kräutern sowie Salz und Pfeffer vermengen.

5 Je 1 – 2 TL Füllung in jede Blüte geben. Dann die Blütenränder vorsichtig mit Küchengarn verschließen.

6 Die Zucchiniblüten eng nebeneinander in einen Topf legen und mit so viel Wasser aufgießen, dass alles knapp bedeckt ist. Bei mittlerer Temperatur ca. 30 Minuten garen.

7 Nach Ende der Garzeit Blüten mit Zucchini vorsichtig aus der Garflüssigkeit heben. Auf Küchenpapier etwas abtropfen lassen. Dann auf Tellern anrichten. Mit Minze garnieren und warm servieren.

etwas Besonderes

Tipp

Auch toll: frittierte Zucchiniblüten mit Tomaten-Frischkäse-Füllung. Hierfür Zucchiniblüten wie oben beschrieben vorbereiten. Dann 1 Bd. Schnittlauch waschen, trocken schütteln und in Röllchen schneiden. 1 feste Tomate überbrühen und häuten, dann fein würfeln. Schnittlauch und Tomate mit je 100 g Frischkäse und Quark vermengen. In die Blüten füllen. Für den Teig 2 Eigelbe mit 50 g Mehl und 50 g Speisestärke vermengen, das Ganze mit 125 ml kaltem Wasser glatt rühren. Blüten im Teig rollen und in heißem Fett ausbacken. Auf Küchenpapier abtropfen lassen. Vor dem Servieren Zucchini abschneiden.

Wildreisrisotto mit Erbsen

Für 4 Personen
2 Knoblauchzehen
1 Stange Lauch
70 g junge Möhren
8 Stangen Spargel (Dose)
200 g Mandelblättchen
800 ml Gemüsebrühe
Salz
1/2 TL Pfeffer
3 EL Olivenöl
250 g Naturreis
125 g Wildreis
200 g Erbsen (frisch oder TK)

Zubereitungszeit
35 Min.

Nährwerte pro Person
610 kcal, 2562 kJ,
22 g EW, 30 g F, 68 g KH

1 Knoblauchzehen schälen und hacken. Weißen und hellgrünen Teil vom Lauch putzen, längs halbieren, waschen und in feine Streifen schneiden. Die Möhren putzen, waschen und würfeln. Spargel abschütten und in 2 1/2 cm lange Stücke schneiden.

2 Mandelblättchen in einer beschichteten Pfanne ohne Fett goldbraun anrösten.

3 Brühe mit Salz und Pfeffer bei mittlerer Hitze in einem Kochtopf erhitzen und zum Kochen bringen. Anschließend die Hitze reduzieren.

4 Olivenöl in einer großen Pfanne bei mittlerer Hitze erwärmen, Knoblauch und Lauch hinzufügen und ca. 4 Minuten dünsten. Reis und Möhren unterrühren.

5 Etwas heiße Gemüsebrühe angießen und das Ganze umrühren. Sobald die Flüssigkeit verkocht ist, Brühe schöpflöffelweise unter Rühren nachgießen.

6 Spargel und Erbsen dazugeben, wenn nur noch ca. 200 ml Brühe übrig sind. Sobald der Reis gar ist, die Mandelblättchen unterrühren und sofort servieren.

pfiffig

Tipp

Wildreis ist eigentlich kein Reis, sondern der Samen eines Grases, das u. a. in Nordamerika wächst. Er schmeckt nussig-mild, die Körner sind länglich und schwarz-braun.

vegetarisch

Futomaki mit Gemüse

Für 16 Stück
1 Möhre
1/4 Salatgurke
2 geröstete Noriblätter
Essigwasser
150 g vorbereiteter Sushi-Reis
1 TL Wasabipaste

Zubereitungszeit
30 Min.

Nährwerte pro Stück
61 kcal, 256 kJ,
2 g EW, 0 g F, 14 g KH

1 Möhre schälen und waschen. Gurke waschen, längs vierteln und mit einem Löffel von den Kernen befreien. Möhre und Gurke in feine Streifen schneiden.

2 1 Noriblatt mit der glatten Seite nach unten auf eine Bambusmatte legen. Hände mit Essigwasser anfeuchten. Den Sushi-Reis ca. 1 cm hoch auf dem Blatt verteilen und glatt streichen. Dabei an den Längsseiten der Blätter jeweils einen 2 cm breiten Rand frei lassen.

3 Im unteren Drittel des glatt gestrichenen Reises der Länge nach etwas Wasabipaste verstreichen und einige Möhren- und Gurkenstreifen darauf arrangieren.

4 Noriblatt mithilfe der Bambusmatte zu einer festen Rolle aufrollen und diese mit einem in Essigwasser getauchten, scharfen Messer in 8 gleich große Stücke schneiden.

5 Auf diese Weise eine weitere Rolle zubereiten und in 8 Stücke schneiden.

Tipp

Futomaki mit Zucchini und Rucola: 1/2 kleine Zucchini waschen, halbieren und längs in feine Stifte schneiden. 1/4 Bd. Rucola waschen und trocken schleudern. Nun mit den genannten Zutaten, 2 gerösteten Noriblättern, 150 g Sushi-Reis und 1 TL Wasabipaste wie oben beschrieben Futomaki herstellen.

Gemüsepaella

Für 4 Personen

Salz
1 Döschen Safran
200 g Langkornreis
1 Zwiebel
1 Knoblauchzehe
2 EL Sonnenblumenöl
1 rote Paprikaschote
100 g Erbsen
2 TL gekörnte Brühe (Instant)
1 Dose rote Bohnen (425 ml)
2 Tomaten
Paprikapulver
Cayennepfeffer

1 1 l Wasser mit Salz und Safran zum Kochen bringen. Langkornreis dazugeben und zugedeckt bei geringer Wärmezufuhr ca. 15 Minuten ausquellen, anschließend abtropfen lassen.

2 Zwiebel und Knoblauchzehe schälen und in kleine Würfel schneiden. In einem Topf Sonnenblumenöl erhitzen, Zwiebel und Knoblauch darin andünsten.

3 Paprikaschote waschen, Kerne und weiße Innenhäute entfernen, Paprika in Streifen schneiden. Erbsen mit Paprikastreifen zu Zwiebel und Knoblauch geben. 1/8 l Wasser zugießen und gekörnte Brühe darin auflösen. Das Ganze zugedeckt 10 Minuten garen.

4 Bohnen abtropfen lassen und zugeben. Tomaten überbrühen und häuten, in Würfel schneiden und ebenfalls zugeben.

5 Reis zum Gemüse geben und heiß werden lassen. Mit Paprikapulver und Cayennepfeffer würzen und pikant abschmecken.

Zubereitungszeit
40 Min.
Nährwerte pro Person
278 kcal, 1163 kJ,
7 g EW, 8 g F, 44 g KH

Kokosreis mit Kidneybohnen

Für 6 Personen

400 g getrocknete Kidneybohnen
2 Knoblauchzehen
Salz
1 Lorbeerblatt
400 g Parboiledreis
1 rote Pfefferschote
1/4 l ungesüßte Kokosmilch
1/2 TL gemahlener Kreuzkümmel
weißer Pfeffer
2 – 3 EL Limettensaft
etwas Koriandergrün zum Garnieren

1 Bohnen in einem Sieb mit kaltem Wasser abspülen und abtropfen lassen. Knoblauchzehen abziehen und etwas andrücken. Bohnen in 1 1/2 l Salzwasser mit dem Knoblauch und Lorbeerblatt bei geringer Hitze in 50 – 60 Minuten weich kochen.

2 Reis nach Packungsanweisung garen. Danach abgießen und abtropfen lassen.

3 Pfefferschote waschen und in feine Ringe schneiden. Kokosmilch in einen Topf füllen, die Pfefferschote zugeben, mit Kreuzkümmel, Pfeffer und etwas Salz würzen. Das Ganze einmal aufkochen lassen.

4 Die gegarten Bohnen abgießen, Knoblauch und Lorbeerblatt entfernen. Bohnen mit dem Reis, der Kokosmilch und dem Limettensaft in einer Schüssel vermengen und mit Koriander garniert warm servieren.

Zubereitungszeit
25 Min.
Garzeit
1 Std.
Nährwerte pro Person
195 kcal, 816 kJ,
9 g EW, 2 g F, 38 g KH

… aus Topf & Pfanne

Caponata mit Rosinen und Oliven (Abb. S. 61)

Für 4 Personen

1 kleine Aubergine (ca. 300 g)
2 kleine rote Zwiebeln
1 gelbe Paprikaschote
4 Stangen Sellerie
6 getrocknete Tomaten in Öl (Glas)
4 EL Olivenöl (z. B. von Bertolli)
1 Knoblauchzehe
2 EL grüne Oliven
2 EL Rosinen (ungeschwefelt)
Salz
Pfeffer
2 – 3 EL heller Balsamico-Essig
Rucola zum Garnieren

1 Aubergine putzen, waschen und in ca. 2 cm große Würfel schneiden. Zwiebeln schälen und in Spalten schneiden. Paprika halbieren, von Kernen und Innenhäuten befreien, waschen und ebenfalls würfeln.

2 Sellerie putzen, bei Bedarf schälen, waschen und in Stücke schneiden. Getrocknete Tomaten abtropfen lassen und dann klein schneiden.

3 Olivenöl in einer großen Pfanne erhitzen und das vorbereitete Gemüse bis auf die Tomaten anbraten. Knoblauch schälen und dazupressen. Zugedeckt bei mittlerer Hitze 10 – 15 Minuten schmoren. Ab und zu umrühren.

4 Oliven abtropfen lassen. Kurz vor Ende der Garzeit Oliven, Rosinen und die klein geschnittenen getrockneten Tomaten hinzufügen und mitschmoren.

5 Gemüse mit Salz, Pfeffer und Essig abschmecken. Auf eine Platte geben und etwas abkühlen lassen. Rucola waschen, trocken schleudern und das lauwarme Gemüse damit garnieren. Rasch servieren.

Zubereitungszeit
35 Min.
Nährwerte pro Person
195 kcal, 816 kJ,
4 g EW, 13 g F, 14 g KH

Kichererbsen-Zucchini-Pfanne

Für 4 Personen

300 g getrocknete Kichererbsen
3 Zucchini
2 Schalotten
1 Knoblauchzehe
2 Stängel Basilikum
2 Stängel Petersilie
2 EL Öl
100 ml Gemüsebrühe
100 g Frischkäse
2 EL Crème fraîche
Salz
Pfeffer

Zubereitungszeit
25 Min.
Einweichzeit
12 Std.

1 Kichererbsen in reichlich Wasser mindestens 12 Stunden einweichen.

2 Zucchini waschen, putzen, längs halbieren und in Scheiben schneiden. Schalotten und Knoblauch schälen und fein hacken. Kichererbsen in einem Küchensieb gut abtropfen lassen.

3 Basilikum und Petersilie abbrausen und trocken schütteln. Blättchen abzupfen und hacken.

4 Öl in einer Pfanne erhitzen. Schalotten und Knoblauch darin anschwitzen. Kichererbsen und Zucchini zugeben. Unter Rühren 1 – 2 Minuten braten. Das Ganze mit Gemüsebrühe ablöschen.

5 Frischkäse sowie Crème fraîche unter die Kichererbsen und Zucchini rühren. Alles nochmals 1 – 2 Minuten schmoren lassen. Das Gemüse sollte gar sein, aber noch Biss haben.

6 Gehackte Kräuter zugeben, unterrühren und Kichererbsen-Zucchini-Pfanne mit Salz und Pfeffer abschmecken.

Nährwerte pro Person
427 kcal, 1787 kJ,
19 g EW, 21 g F, 41 g KH

Asiatische Spinatpfanne

Für 4 Personen
800 g Spinat
Salz
12 Garnelen
200 g Maiskölbchen (Glas)
1 rote Zwiebel
1 Knoblauchzehe
2 Chilischoten
2 EL Öl
2 EL Sesamsamen
1 TL Honig
1 TL Ingwer, frisch gerieben
Pfeffer aus der Mühle
Sojasoße

Zubereitungszeit
25 Min.

1 Spinat putzen, kalt waschen und in Salzwasser kurz blanchieren. Eiskalt abschrecken und abtropfen lassen. Garnelen längs halbieren, schwarzen Darm und Köpfe entfernen. Garnelen putzen und kalt abbrausen. Im Küchensieb gut abtropfen lassen.

2 Maiskölbchen waschen. Zwiebel schälen und in dünne Streifen schneiden. Knoblauchzehe schälen und fein hacken. Chilischoten kalt waschen und in feine Ringe schneiden. Ganz nach Geschmack die scharfen Kerne entfernen.

3 Öl im Wok erhitzen. Garnelen und Maiskölbchen hineingeben und unter Rühren anbraten. Sesamsamen, Chili, Knoblauch und Zwiebel zugeben und ca. 1 Minute unter Rühren weiterbraten.

4 Spinat unterheben. Das Ganze mit Honig, Ingwer, Pfeffer und Sojasoße würzen. Die Spinatpfanne auf Tellern angerichtet und sofort heiß servieren.

Nährwerte pro Person
355 kcal, 1485 kJ,
26 g EW, 11 g F, 37 g KH

Tipp

Sojasoße ist die klassische Würzsoße der asiatischen Küche. Sie wird aus Sojabohnen, Getreide und Wasser durch einen langwierigen Fermentationsprozess gewonnen.

mit Garnelen

Grüne Gemüsepfanne

Für 4 Personen
2 EL Sesam
400 g Bärlauch-Tofu (z. B. von Vitaquell)
3 EL Sesamöl
250 g Kohlrabi
150 g Zuckerschoten
100 g Stangensellerie
1 Bd. Frühlingszwiebeln
150 g Spinat- oder Mangoldblätter
2 – 3 EL indonesische Sojasoße

Zubereitungszeit
30 Min.

Nährwerte pro Person
359 kcal, 1502 kJ,
17 g EW, 27 g F, 11 g KH

1 Sesam ohne Fettzugabe im Wok oder in einer Pfanne leicht rösten. Anschließend auf einem Teller auskühlen lassen.

2 Tofu in ca. 1 x 2 cm große Streifen schneiden. Portionsweise im heißen Sesamöl anbraten. Aus dem Wok oder der Pfanne nehmen und auf einen Teller legen.

3 Kohlrabi waschen, putzen und in Stifte schneiden. Zuckerschoten waschen und der Länge nach halbieren. Sellerie putzen und in dünne Scheiben schneiden. Frühlingszwiebeln putzen, waschen und in feine Ringe schneiden. Spinat- oder Mangoldblätter putzen, waschen und in grobe Streifen schneiden.

4 Kohlrabi, Zuckerschoten, Sellerie und Frühlingszwiebeln in dem im Wok bzw. der Pfanne verbliebenen Öl auf mittlere Stufe unter Rühren 5 – 10 Minuten anbraten. Dann Mangold- oder Spinatblätter zugeben und mit geschlossenem Deckel auf kleiner Stufe 5 Minuten garen lassen.

5 Gemüsepfanne mit Sojasoße abschmecken. Die angebratenen Tofustreifen zugeben, kurz erwärmen und mit Sesam bestreut servieren.

Tipp

Indonesische Sojasoße ist dünnflüssig und hat einen süßlicheren Geschmack als die japanischen oder chinesischen Varianten.

fein abgeschmeckt

Klassiker

Ratatouille

Für 4 Personen
400 g Auberginen
400 g Zucchini
1 rote Paprika
1 gelbe Paprika
2 Fleischtomaten
1 Zwiebel
1 Knoblauchzehe
3 EL Olivenöl
Salz
Pfeffer
150 ml Gemüsebrühe
1 TL Thymianblättchen
einige Blättchen Basilikum zum Garnieren

Zubereitungszeit
35 Min.

1 Auberginen und Zucchini waschen. Die Stielansätze entfernen und Fruchtfleisch in ca. 1,5 cm große Würfel schneiden.

2 Paprikaschoten ebenfalls waschen, halbieren, von Kernen sowie weißen Innenhäuten befreien. Das Fruchtfleisch würfeln.

3 Die Tomaten kurz blanchieren und dann kalt abschrecken. Häuten, vierteln, entkernen und würfeln. Die Zwiebel und den Knoblauch schälen und beides würfeln.

4 Zwiebel und Knoblauch in Olivenöl andünsten. Restliches Gemüse hinzufügen und mitdünsten. Das Ganze salzen und pfeffern. Mit der Gemüsebrühe ablöschen und Thymian untermischen.

5 Das Gemüse bei schwacher Hitze unter gelegentlichem Rühren 8–10 Minuten schmoren lassen. Nochmals mit Salz und Pfeffer abschmecken.

6 Ratatouille auf vorgewärmten Tellern anrichten und mit Basilikum garniert servieren.

Nährwerte pro Person
524 kcal, 2192 kJ,
17 g EW, 34 g F, 36 g KH

Tipp

Zum Verfeinern des Ratatouilles eignen sich hervorragend schwarze Oliven.

viel drin

Deftiger Gemüseeintopf

Für 4 Personen
500 g Rinderschulter
90 g Zwiebeln
1 Knoblauchzehe
120 g Lauch
140 g Möhren
120 g Knollensellerie
280 g festkochende Kartoffeln
160 g Wirsing
1 1/2 EL Rapsöl
600 ml Gemüsebrühe (z. B. von Alnatura)
1 EL gerebelter Thymian
1 Lorbeerblatt
6 Wacholderbeeren
2 EL Sojasoße
Salz
Pfeffer
1 EL Petersilie, frisch gehackt

1 Fleisch abbrausen und trocken tupfen. Dann in daumengroße Stücke schneiden. Zwiebeln schälen und in grobe Würfel teilen. Knoblauch abziehen und in feine Scheiben schneiden.

2 Lauch putzen, waschen und in 1 cm dicke Röllchen schneiden, bei Bedarf nochmals waschen. Möhren, Sellerie sowie Kartoffeln schälen und alles in grobe Würfel schneiden.

3 Wirsing von den äußeren Blättern befreien und halbieren. Strunk entfernen und Blätter in grobe Streifen schneiden. Waschen und in einem Küchensieb abtropfen lassen.

4 Rapsöl in einem großen Topf erhitzen. Fleisch hineingeben und rundum anbraten. Dann Zwiebeln und Knoblauch zufügen und andünsten.

5 Das vorbereitete Gemüse zugeben und unterrühren. Gemüsebrühe angießen. Mit Thymian, Lorbeerblatt, Wacholderbeeren und Sojasoße würzen. Den Eintopf 60 – 90 Minuten leicht köcheln lassen. Ab und zu umrühren.

6 Gemüseeintopf mit Salz und Pfeffer abschmecken. Mit gehackter Petersilie bestreuen und heiß servieren.

Zubereitungszeit
40 Min.
Garzeit
90 Min.
Nährwerte pro Person
328 kcal, 1372 kJ,
30 g EW, 16 g F, 16 g KH

Gedämpfte Wirsing-Pilz-Päckchen

Für 4 Personen
200 g Reis
12 Wirsingblätter
Salz
200 g Champignons
1 Bd. Frühlingszwiebeln
5 Tomaten
200 g Sojasprossen
6 EL Sherry
6 EL Sojasoße
Pfeffer aus der Mühle
300 ml Gemüsebrühe

Zubereitungszeit
40 Min.
Garzeit
35 Min.
Nährwerte pro Person
305 kcal, 1276 kJ,
13 g EW, 3 g F, 51 g KH

1 Reis nach Packungsanweisung garen. Danach beiseitestellen und warm halten.

2 Die Wirsingblätter putzen und mit kaltem Wasser waschen. Anschließend in Salzwasser 1 Minute blanchieren, mit eiskaltem Wasser abschrecken und abtropfen lassen. Mittelrippe der abgekühlten Wirsingblätter flach schneiden.

3 Die Champignons mit Küchenpapier abreiben und in kleine Würfel schneiden. Die Frühlingszwiebeln putzen, waschen und in dünne Ringe schneiden.

4 Tomaten waschen, mit kochendem Wasser überbrühen, danach häuten. Dann halbieren, entkernen und Fruchtfleisch würfeln. Sojasprossen mit kaltem Wasser abbrausen und abtropfen lassen.

5 Geschnittenes Gemüse mit den Sprossen und gekochtem Reis vermengen. Das Ganze mit Sherry, Sojasoße und frisch gemahlenem Pfeffer pikant abschmecken.

6 Wirsingblätter ausbreiten. Reismischung darauf verteilen, etwas glatt streichen und Blätter zu kleinen Päckchen aufrollen, dabei die Seitenränder leicht einschlagen. Die Päckchen anschließend mit Küchengarn vorsichtig verschnüren.

7 Die Gemüsebrühe im Wok aufkochen. Die Päckchen zugedeckt in einem Dämpfeinsatz bei milder Hitze in ca. 35 Minuten gar dämpfen.

8 Wirsing-Pilz-Päckchen herausnehmen und Küchengarn vorsichtig entfernen. Auf Tellern anrichten und heiß servieren.

gut gefüllt

Tipp

Dazu passt eine süß-scharfe Chilisoße. Oder wie wär's mit einem selbst gemachten pikanten Mangochutney? Hierfür 1 Mango schälen, Fruchtfleisch in kleine Würfel schneiden und mit 1 EL Zitronensaft vermengen. 4 kleine Zwiebeln, 2 Knoblauchzehen und 10 g Ingwer schälen und alles fein hacken. 1 rote Chilischote waschen und sehr fein schneiden. 75 g Zucker und 1 EL Wasser erhitzen. Wirft der Zucker Blasen, Zwiebeln, Knoblauch, Ingwer, etwas Zitronengraspulver und Chili zugeben. 5 Minuten dünsten. Mango zugeben und nochmals 5 Minuten dünsten. Je 1 TL zerstoßene Pfeffer-, Piment- und Korianderkörner unterrühren. 2 EL Weißweinessig angießen und kurz aufkochen lassen. Vor dem Servieren abkühlen lassen.

Sauerkrauteintopf

Für 4 Personen

450 g Kartoffeln
1 Zwiebel
2 EL Rapsöl
500 ml Gemüsebrühe
2 rote Paprikaschoten
400 g stückige Tomaten (Dose, z. B. von Alnatura)
2 TL Paprikapulver edelsüß
Meersalz
Pfeffer
10 Wacholderbeeren
1 Knoblauchzehe
200 g Sauerkraut (Dose)

Zubereitungszeit
20 Min.
Garzeit
30 Min.

1 Kartoffeln und Zwiebel schälen, waschen und würfeln. Rapsöl in einem großen Topf erhitzen und beides kurz darin anbraten. Mit Gemüsebrühe ablöschen.

2 Paprika waschen, putzen, Kerne sowie weiße Innenhäute entfernen und in Würfel schneiden. Mit den stückigen Tomaten in den Topf geben.

3 Paprikapulver, Salz, Pfeffer und Wacholderbeeren mit in den Topf geben. Den Knoblauch schälen und dazupressen. 10 Minuten garen.

4 Sauerkraut abtropfen lassen. Dann zu den Kartoffeln geben und unterrühren.

5 Den Eintopf weitere 20 Minuten köcheln lassen. Dann heiß servieren.

Nährwerte pro Person
156 kcal, 653 kJ,
6 g EW, 2 g F, 28 g KH

Tipp

Geben Sie zur Abrundung des Sauerkrauteintopfs auf jede Portion einen Klecks Schmand oder saure Sahne.

herzhaft

ganz einfach

Tipp

Garam Masala gehört neben Currypulver zu den typischen Gewürzmischungen Indiens, zu deren Herstellung unzählige Rezepturen existieren. Meistens sind Kreuzkümmel, Koriander, Kardamom, Pfeffer, Zimt und Nelken enthalten. Es ist in gut sortierten Asialäden erhältlich.

Indische Gemüsepfanne

Für 4 Personen

1 Möhre
8 Okraschoten
1 Tomate
4 TL Mandel- oder Maiskeimöl
1/8 l Gemüsebrühe
1 TL Ingwer, gerieben
1 TL Garam Masala
300 g Tofu (natur oder indisch gewürzt)
70 g Mandeln, gestiftelt

Zubereitungszeit

35 Min.

1 Das Gemüse waschen. Möhre schälen und in kleine Würfel schneiden. Okraschoten von den Enden befreien und in kleine Stücke schneiden. Tomate entkernen und in kleine Würfel schneiden.

2 2 TL Öl in einer großen beschichteten Pfanne erhitzen. Möhrenwürfel hineingeben und mit 50 ml Brühe 3 – 4 Minuten köcheln lassen.

3 Okraschoten, Tomate, Ingwer und restliche Gemüsebrühe zugeben, mit Garam Masala würzen. In der Pfanne 4 – 6 Minuten weiterkochen, bis die Okraschoten gar sind. Gelegentlich umrühren.

4 Inzwischen Tofu mit Küchenpapier trocken tupfen und in 3 cm große Würfel schneiden. 2 TL Öl in einer weiteren Pfanne erhitzen und Tofu zugeben. Bei mittlerer Hitze darin goldbraun backen.

5 Anschließend Tofu zum Gemüse geben und vorsichtig umrühren. Zum Schluss die Mandelstifte daruntermengen.

Nährwerte pro Person

232 kcal, 972 kJ,
12 g E, 19 g F, 5 g KH

Wirsingpfanne

Für 4 Personen
1 Kopf Wirsing (ca. 1 kg)
2 Zwiebeln
2 EL Butter
2 TL gekörnte Gemüsebrühe
2 TL Senfkörner
100 g Walnusskerne, grob gehackt
Salz, Pfeffer

Zubereitungszeit
30 Min.
Nährwerte pro Person
284 kcal, 1188 kJ,
12 g EW, 21 g F, 11 g KH

1 Vom Wirsing die äußeren zähen Blätter entfernen, dann längs vierteln und den Strunk keilförmig ausschneiden. Blätter quer in feine Streifen schneiden. Zwiebeln schälen, längs halbieren und dann längs in dünne Spalten schneiden.

2 Butter in einem Topf erhitzen und Zwiebeln darin goldgelb braten. Wirsing dazugeben und kurz andünsten. Gemüsebrühe in eine Tasse mit heißem Wasser einrühren und dieses zum Wirsing gießen.

3 Senfkörner in die Brühe rühren und das Ganze zugedeckt 15 – 20 Minuten dünsten. In der Zwischenzeit Walnusskerne in einer Pfanne ohne Fett leicht rösten.

4 Wirsing mit Salz und Pfeffer abschmecken und die Walnusskerne zugeben. Wirsingpfanne heiß servieren.

Tipp

Wirsingpfanne mit Hackfleisch und saurer Sahne: Wirsing wie oben vorbereiten. 500 g Hackfleisch salzen, pfeffern und scharf anbraten. 1 kleine Chilischote dazugeben. Wirsing zugeben und einige Minuten dünsten. 125 g saure Sahne einrühren. Mit Oregano, Salz und Cayennepfeffer abschmecken.

Kürbis-Kichererbsen-Eintopf

Für 4 Personen
150 g Chorizo (Salamiwurst)
1 Zwiebel
2 Knoblauchzehen
100 g Kichererbsen (Dose)
200 g Kürbisfleisch
1/4 Kopf Wirsing
8 EL Olivenöl
1 TL frische Rosmarinnadeln, gehackt
600 ml Gemüsebrühe
Salz, Pfeffer aus der Mühle
2 EL gemischte frische Kräuter, gehackt

Zubereitungszeit
25 Min.
Nährwerte pro Person
392 kcal, 1646 kJ,
13 g EW, 33 g F, 11 g KH

1 Wurst schälen und in kleine Stücke oder Scheiben schneiden. Zwiebel und Knoblauch schälen, Zwiebel würfeln und Knoblauch fein hacken. Kichererbsen in ein Sieb geben und abtropfen lassen.

2 Kürbisfleisch in ca. 2 cm große Würfel schneiden. Äußere Blätter vom Wirsing entfernen, den Strunk herausschneiden und den Kopf in feine Streifen schneiden. Wirsing waschen und abtropfen lassen.

3 3 EL Öl in einem Topf erhitzen, Zwiebel darin glasig anschwitzen. Chorizo, Knoblauch und Rosmarin dazugeben und einige Minuten mitdünsten. Kichererbsen, Kürbis und Brühe hinzufügen und bei schwacher Hitze zugedeckt ca. 15 Minuten garen.

4 Wirsing einrühren, das Ganze mit Salz und Pfeffer würzen und ca. 5 Minuten offen köcheln lassen.

5 Restliches Olivenöl mit den Kräutern verrühren. Eintopf auf Teller verteilen, in die Mitte etwas Kräuteröl geben und servieren.

Tipp

Zum Kochen eignen sich besonders Kürbisse der Sorte Hokkaido. Sie haben relativ festes Fleisch und besitzen viel Stärke. Reichen Sie zu dem Kürbis-Kichererbsen-Eintopf frisches Bauernbrot.

Wokgemüse mit Sesam-Tofu-Würfeln

Für 4 Personen
Für die Sesam-Tofu-Würfel:
200 g Tofu natur (z. B. von Alnatura)
Sojasoße
1 Ei
150 g Mehl
6 EL Sesam
Rapsöl zum Ausbacken
250 g Linguine
Für das Wokgemüse:
2 Knoblauchzehen
2 kleine rote Chilischoten
1 rote Paprikaschote
100 g Möhren
150 g Austernpilze
150 g Sojakeimlinge
150 g Zuckerschoten
2 EL Sesamöl
2 – 3 EL Sojasoße
1/2 TL Rohrohrzucker

1 Tofu würfeln und in 1/2 Tasse Sojasoße mindestens 30 Minuten marinieren. Danach Tofuwürfel herausheben und abtropfen lassen. Sojasoße zum Würzen aufbewahren.

2 Das Ei in einem tiefen Teller verquirlen. Mehl und Sesam ebenfalls getrennt auf tiefe Teller geben. Tofu nacheinander in Mehl, Ei und Sesam wenden.

3 Rapsöl erhitzen und Tofu-Sesam-Würfel goldbraun braten. Linguine bissfest garen.

4 Für das Wokgemüse Knoblauch schälen und hacken. Chilischoten entkernen und hacken. Paprika putzen und in feine Streifen schneiden, Möhren längs halbieren und in Scheiben schneiden.

5 Pilze putzen und zerteilen. Sojakeimlinge und Zuckerschoten waschen, beides abtropfen lassen.

6 Sesamöl im Wok erhitzen. Gemüse unter häufigem Wenden darin anbraten. Mit Sojasoße ablöschen und Zucker zugeben. Unter Rühren einige Minuten gar braten.

7 Linguine kurz mitbraten. Nochmals mit Sojasoße abschmecken. Zusammen mit den Sesam-Tofu-Würfeln servieren.

Zubereitungszeit
45 Min.
Nährwerte pro Person
549 kcal, 2297 kJ,
26 g EW, 21 g F, 63 g KH

unwiderstehlich

Gemüsecurry mit Linsen

Für 4 Personen
400 g Kartoffeln
400 g Möhren
1 Mango
1 Zwiebel
1 Knoblauchzehe
2 EL Pflanzencreme
2 EL rote Currypaste
400 ml Kokosmilch
400 ml Gemüsebrühe
200 g rote Linsen
1 Dose Kichererbsen (Abtropfgewicht 265 g)
1 Bd. glatte Petersilie
3 – 4 Stängel Minze
200 ml Cremefine zum Verfeinern
2 EL Limettensaft

Zubereitungszeit
40 Min.

Nährwerte pro Person
379 kcal, 1586 kJ,
10 g EW, 17 g F, 44 g KH

1 Kartoffeln schälen und waschen. Möhren und Mango schälen. Alles in ca. 1 cm große Würfel schneiden. Zwiebel und Knoblauch schälen und fein hacken.

2 Pflanzencreme in einem großen Topf erhitzen. Zwiebel und Knoblauch zugeben und andünsten. Rote Currypaste dazugeben und alles miteinander vermengen.

3 Möhren-, Kartoffel- und Mangowürfel in den Topf geben. Gut umrühren, sodass die Currypaste sich gut verteilt. Kokosmilch sowie Brühe zufügen und aufkochen. Zugedeckt bei milder Hitze ca. 20 Minuten garen.

4 Linsen waschen und ca. 10 Minuten vor Garzeitende zugeben. Die Kichererbsen kalt abbrausen, abtropfen lassen und ca. 2 Minuten vor Garzeitende zugeben.

5 Petersilie und Minze waschen, trocken schütteln und fein hacken. Cremefine mit Petersilie sowie Minze vermengen und mit Limettensaft abschmecken. Zu dem Curry servieren.

Tipp

Zu diesem Gemüsecurry reicht man klassischerweise Basmatireis.

bunte Mischung

fein gewürzt

Rote-Linsen-Dal

Für 4 Personen
1 große Zwiebel
1 Stück Ingwer (3 cm)
2 Knoblauchzehen
Salz
4 EL Pflanzenöl
1 TL Kurkuma
1 TL gemahlener Kreuzkümmel
300 g rote Linsen
700 ml Gemüsebrühe
1 Bd. Petersilie
2 EL Zitronensaft
Pfeffer

Zubereitungszeit
30 Min.

Nährwerte pro Person
380 kcal, 1590 kJ,
21 g EW, 12 g F, 46 g KH

1 Zwiebel sowie Ingwer schälen. Beides in möglichst feine Würfel schneiden. Knoblauch abziehen und in einem Schüsselchen mit Salz zerreiben.

2 Pflanzenöl in einem großen Topf erhitzen. Zwiebel- und Ingwerwürfel darin anbraten. Knoblauch dazugeben und ca. 3 Minuten im eigenen Saft schmoren lassen. Dann Kurkuma und Kreuzkümmel darüberstäuben und kurz anschwitzen.

3 Linsen unterrühren, kurz andünsten und mit Gemüsebrühe aufgießen. Alles einmal kräftig aufkochen und dann bei mittlerer Hitze ca. 10 Minuten köcheln lassen, bis die Linsen die Flüssigkeit fast vollständig aufgesogen haben.

4 Petersilie waschen, trocken schütteln und grob hacken. Den Großteil der Petersilie mit dem Zitronensaft zu den Linsen geben, unterrühren und mit Salz und Pfeffer abschmecken.

5 Das Rote-Linsen-Dal portionsweise in Schälchen füllen und mit Petersilie garnieren. Heiß servieren.

Tipp

Zu diesem indischen Gericht sollte man als typische Beilage frischen Basmatireis reichen.

mit Ei

Gemüsepfanne

Für 4 Personen
1 Knoblauchzehe
80 g Zwiebeln
je 1 rote und gelbe Paprikaschote
200 g Prinzessbohnen
200 g Möhren
200 g kleine Kartoffeln
1 EL Olivenöl (z. B. von Alnatura)
400 ml Geflügelbrühe
Salz
Pfeffer aus der Mühle
Saft von 1 Zitrone
4 Eier
2 EL Petersilie, frisch gehackt

1 Knoblauch und Zwiebeln schälen, beides in kleine Würfel schneiden. Paprikaschoten vierteln, von Kernen sowie weißen Innenhäuten befreien und waschen. Dann in ca. 2 cm breite Streifen schneiden.

2 Prinzessbohnen putzen, waschen und halbieren. Möhren schälen und in ca. 1 cm dicke Scheiben schneiden. Kartoffeln gründlich waschen und vierteln.

3 Olivenöl in einer Pfanne erhitzen. Knoblauch und Zwiebeln dazugeben und kurz anbraten. Restliches Gemüse zufügen und ca. 5 Minuten andünsten. Mit der Geflügelbrühe aufgießen und dann das Ganze zugedeckt ca. 15 Minuten garen.

4 Gemüse mit Salz, Pfeffer und Zitronensaft abschmecken. Dann mit einem Löffel 4 Vertiefungen hineindrücken. Eier einzeln in einer Tasse aufschlagen und in je eine Vertiefung gleiten lassen.

5 Einen Deckel auflegen und Eier bei schwacher Hitze in ca. 7 Minuten stocken lassen. Gemüse mit Petersilie bestreuen und in der Pfanne servieren.

Zubereitungszeit
35 Min.
Nährwerte pro Person
250 kcal, 1046 kJ,
17 g EW, 13 g F, 15 g KH

Malfatti

Für 4 Personen
500 g Blattspinat
Salz
175 g Ricotta
abgeriebene Schale von
1/4 Zitrone (unbehandelt)
120 g Parmesan,
frisch gerieben
2 Eier
1 Eigelb
200 g Mehl
Pfeffer
Muskatnuss, frisch gerieben
Mehl für das Brett
Butter für die Form
Petersilie für die Garnitur

1 Blattspinat waschen, putzen und harte Stiele entfernen. In Salzwasser kurz blanchieren. Dann in ein Sieb abgießen, mit eiskaltem Wasser abschrecken und den Spinat gründlich ausdrücken.

2 Den Backofen auf 180 Grad vorheizen. Spinat fein hacken. In eine ausreichend große Schale geben und mit Ricotta, Zitronenschale, 60 g Parmesan, Eiern, Eigelb und Mehl zu einem glatten Teig verkneten. Mit Salz, Pfeffer und Muskatnuss würzen.

3 Von der Spinatmasse mit einem Löffel Nocken abstechen. Diese auf ein bemehltes Brett legen und dann in einen großen Topf mit reichlich kochendem Salzwasser geben. 4 – 5 Minuten simmern lassen, bis die Nocken oben schwimmen.

4 Malfatti mit einem Schaumlöffel herausnehmen und in eine feuerfeste, gebutterte Form geben. Mit dem restlichen Käse bestreuen und im Backofen ca. 5 Minuten überbacken.

5 Malfatti auf Tellern anrichten. Mit Petersilie garniert servieren.

Zubereitungszeit
40 Min.
Nährwerte pro Person
462 kcal, 1933 kJ,
28 g EW, 22 g F, 37 g KH

Spinat-Käse-Nocken

Tipp

Zuerst 1 Probenocke kochen; falls sie auseinanderfällt, noch etwas Mehl oder 1 Ei unter den Teig kneten.

Gemüsekuchen aus der Pfanne

Für 4 Personen
500 g festkochende Kartoffeln
1 Knoblauchzehe
5 EL Rapsöl
2 Bd. Frühlingszwiebeln
500 g junge Zucchini
50 ungesalzene Pistazienkerne
7 Eier
Meersalz
Pfeffer
1 Bd. Petersilie
4 Zucchiniblüten

Zubereitungszeit
30 Min.

Nährwerte pro Person
495 kcal, 2071 kJ,
22 g EW, 32 g F, 30 g KH

1 Kartoffeln schälen oder mit einer Gemüsebürste kräftig abbürsten und waschen. Anschließend in 2 mm dicke Scheiben schneiden. Knoblauch abziehen und fein würfeln.

2 2 EL Öl in einer beschichteten Pfanne erhitzen und die Kartoffeln darin zugedeckt bei mittlerer Hitze 15 Minuten garen, zwischendurch einige Male vorsichtig wenden. Die Kartoffeln dann mit dem fein gewürfelten Knoblauch vermengen.

3 Frühlingszwiebeln putzen, waschen und den dunkelgrünen Teil wegschneiden. Den Rest in dünne Scheiben schneiden. Zucchini waschen und in dünne Scheiben schneiden. Beides in einer weiteren Pfanne mit wenig Öl unter Rühren 5 Minuten garen.

4 Kartoffeln mit Zwiebeln, Zucchini und Pistazienkernen mischen. Das restliche Öl in die Pfanne zum Kartoffel-Gemüse-Mix geben.

5 Die Eier verquirlen und kräftig mit Meersalz und Pfeffer abschmecken. Die Petersilie waschen, trocken tupfen, hacken und dann in die Eiermasse rühren, anschließend alles über das Gemüse gießen. In der Pfanne bei milder Hitze stocken lassen.

6 Den Gemüsekuchen mithilfe eines großen Tellers wenden und auch auf der anderen Seite goldgelb braten.

7 Den Gemüsekuchen warm oder kalt anrichten und mit Zucchiniblüten garnieren.

mag jeder

Tipp

Festkochende Kartoffeln verfügen gegenüber vorwiegend festkochenden und mehligkochenden Sorten über den geringsten Stärkegehalt. Daher zeichnen sie sich auch in gekochtem Zustand duch ihre Formfestigkeit aus. Sie eignen sich somit besonders für Kartoffelsalat, als Salz- oder Pellkartoffeln sowie für Bratkartoffeln und Gratins. Bekannte Sorten sind Cilena, Linda, Selma, Hansa oder Nicola.

unkompliziert

Tipp

Wenn Sie für dieses Rezept getrocknete Shiitakepilze verwenden, müssen diese vor der Zubereitung ca. 20 Minuten in warmem Wasser eingeweicht werden. Dann abtropfen lassen, Stiele entfernen und Pilze wie unten beschrieben weiterverarbeiten.

Wokgemüse mit Pilzen

Für 4 Personen
250 g Shiitakepilze
220 g Chinakohl
200 g Romanasalat
2 Knoblauchzehen
1 fingergroßes Stück Ingwer
2 Frühlingszwiebeln
1 EL Pflanzenöl
dunkle Sojasoße
helle Sojasoße

Zubereitungszeit
30 Min.

Nährwerte pro Person
99 kcal, 414 kJ,
4 g EW, 4 g F, 13 g KH

1 Shiitakepilze mit Küchenpapier gut abreiben. Stiele entfernen und die Pilze in feine Scheiben schneiden.

2 Chinakohl- und Salatblätter von den Strünken lösen. Die Blätter mit kaltem Wasser waschen, putzen und dann in 4 cm breite Streifen schneiden.

3 Knoblauch abziehen und fein hacken. Ingwer schälen und fein reiben. Frühlingszwiebeln waschen, putzen und in feine Ringe schneiden.

4 Wok oder große Pfanne erhitzen und Pflanzenöl darin erhitzen. Knoblauch und Ingwer dazugeben und unter Rühren kurz anschwitzen.

5 Frühlingszwiebeln zugeben und unterrühren. Je 1 EL dunkle und helle Sojasoße einrühren, 5 EL Wasser und Shiitakepilze zugeben. Alles ca. 2 Minuten schmoren lassen.

6 Chinakohl zugeben und das Ganze 5 Minuten garen. Bei Bedarf noch etwas Wasser dazugießen.

7 Dann Salatstreifen unterrühren, zusammenfallen lassen und nochmals mit Sojasoße abschmecken. In Schüsselchen füllen und sofort servieren.

Tipp
Servieren Sie zu dieser schnellen Gemüsepfanne Reis oder Nudeln.

asiatisch inspiriert

Schnelle Gemüsepfanne

Für 4 Personen
2 Knoblauchzehen
1 rote Chilischote
1 Zwiebel
500 g asiatische Pilze (z. B. Shiitake, Austernpilze)
500 g asiatischer Kohl (z. B. Chinakohl, Pak Choi, Spinat)
200 g Maiskölbchen (Glas)
200 g grüner Spargel
2 rote Paprikaschoten
30 ml Sesamöl
100 g Pinienkerne
100 ml Woksoße (z. B. von Kikkoman)
1 Handvoll Korianderblättchen, grob gehackt

Zubereitungszeit
25 Min.

1 Knoblauch schälen und im Mörser zerstoßen. Chilischote waschen, entkernen und fein hacken. Zwiebel schälen und in Spalten schneiden. Pilze mit Küchenpapier abreiben, nach Möglichkeit nicht waschen; dann putzen und bei Bedarf kleiner schneiden.

2 Kohl putzen, waschen, trocken tupfen und bei Bedarf in Streifen schneiden. Mais in einem Küchensieb abtropfen lassen, danach in Stücke schneiden.

3 Den grünen Spargel waschen und unteres Drittel schälen, die holzigen Enden abschneiden. Spargelstangen in mundgerechte Stücke schneiden. Paprikaschoten waschen, weiße Innenhäute sowie Kerne entfernen und Fruchtfleisch in mundgerechte Stücke schneiden.

4 Sesamöl in einer Pfanne erhitzen. Knoblauch, Chilischote und Pinienkerne hinzufügen und ca. 30 Sekunden bei starker Hitze anbraten.

5 Zwiebel, Pilze, Kohl, Maiskölbchen, Spargel und Paprika hinzufügen und 3 – 4 Minuten unter Wenden schmoren lassen. Woksoße hinzugeben, aufkochen und zum Schluss den Koriander darüberstreuen. Gut durchrühren und sofort servieren.

Nährwerte pro Person
357 kcal, 1494 kJ,
15 g EW, 22 g F, 22 g KH

Auberginen-Kartoffel-Ragout in Currysoße

Für 4 Personen
6 Kartoffeln
2 Auberginen
3 rote Chilischoten
3 rote Zwiebeln
3 Knoblauchzehen
Salz
4 EL Ghee, ersatzweise Butterschmalz
2 TL Kreuzkümmelpulver
2 TL gemahlener Koriander
3 EL Senfsamen
800 ml ungesüßte Kokosmilch
2 Handvoll Curryblätter

Zubereitungszeit
35 Min.
Nährwerte pro Person
357 kcal, 1494 kJ,
7 g EW, 20 g F, 39 g KH

1 Kartoffeln schälen, waschen und in mundgerechte Stücke schneiden. Auberginen waschen, halbieren, vierteln und ebenfalls in mundgerechte Stücke schneiden.

2 2 Chilischoten waschen, halbieren, entkernen und der Länge nach in Streifen schneiden. Zwiebeln schälen und in dünne Spalten schneiden. Knoblauch schälen und fein hacken.

3 Auberginenstücke in Salzwasser legen und 15 Minuten ziehen lassen. Anschließend mit den Händen auspressen, auf ein Küchentuch legen und trocken tupfen. Ghee in einer Pfanne erhitzen und die Auberginenstücke rundum goldgelb anbraten.

4 Kreuzkümmel und Koriander dazugeben und unter Rühren kurz mitbraten. Hitze reduzieren, Zwiebeln und Knoblauch dazurühren und ca. 2 Minuten dünsten. Kartoffeln, Chili und Senfsamen dazugeben und kurz weiterdünsten.

5 Mit Kokosmilch ablöschen, salzen und bei geringer Hitze zugedeckt 10 – 15 Minuten köcheln lassen. Curryblätter sowie die verbliebene Chilischote in die Pfanne geben und mitköcheln.

6 Sobald die Kartoffeln gar sind, das Ragout portionsweise in Schälchen verteilen und dann heiß servieren.

Tipp

Bei Ghee handelt es sich um indisches Butterschmalz. Da es nur reines Fett enthält, kann es sehr stark erhitzt werden und ist lange haltbar. Ghee verleiht Gerichten ein typisch indisches Aroma und ist im Asialaden erhältlich.

aus Indien

Gemüse mit Sesam

Für 4 Personen
2 rote Paprikaschoten
400 g grüne Bohnen
300 g Babymais (Dose)
4 EL Sesamöl
100 g Sojasprossen
2 EL Austernsoße
Sojasoße
1 EL Sesamkörner
Reis als Beilage

Nährwerte pro Person
229 kcal, 962 kJ,
8 g EW, 13 g F, 19 g KH

1 Die Paprikaschoten mit kaltem Wasser waschen und halbieren. Kerne sowie weiße Innenhäute entfernen und Fruchtfleisch in Streifen schneiden.

2 Die Enden der grünen Bohnen abschneiden. Bohnen abfädeln, waschen und in einem Sieb abtropfen lassen.

3 Babymais in ein Sieb gießen und kurz kalt abbrausen. Dann abtropfen lassen und längs halbieren.

4 Das Sesamöl im Wok erhitzen. Die Bohnen sowie die Paprikastreifen dazugeben und unter häufigem Rühren 6 – 8 Minuten dünsten.

5 Zum Schluss Mais und Sprossen mit in den Wok geben und darin unter Rühren erhitzen. Mit Austern- und Sojasoße würzen und mit den Sesamkörnern bestreuen. Mit Reis servieren.

Zubereitungszeit
30 Min.

Gemüsewraps

Für 4 Personen
4 Blätter Kopfsalat
2 Möhren
2 große Zucchini
je 1 rote und gelbe Paprikaschote
5 Frühlingszwiebeln
4 EL Olivenöl
Salz
Pfeffer aus der Mühle
2 EL Crème fraîche
4 Weizentortillas

Zubereitungszeit
30 Min.
Nährwerte pro Person
277 kcal, 1159 kJ,
9 g EW, 13 g F, 29 g KH

1 Salat waschen und trocken schleudern. Möhren schälen und grob raspeln. Zucchini putzen, waschen und trocken reiben. Dann der Länge nach halbieren und in Scheiben schneiden.

2 Paprika putzen, von Kernen und Innenhäuten befreien und waschen. Fruchtfleisch in schmale Streifen schneiden. Frühlingszwiebeln waschen, putzen und in feine Ringe schneiden.

3 Olivenöl in einer Pfanne erhitzen. Möhren, Zucchini, Paprika und Frühlingszwiebeln hineingeben und unter mehrmaligem Wenden ca. 10 Minuten dünsten. Mit etwas Salz und frisch gemahlenem Pfeffer würzen. Crème fraîche unterrühren.

4 Tortillas mit den Salatblättern belegen. Gemüsemischung darauf verteilen und die Wraps aufrollen. Sofort servieren.

Tipp

Besonders dekorativ können Sie die Wraps servieren, wenn Sie sie jeweils halbieren und mit langen Schnittlauchhalmen verschließen.

… aus dem Ofen

Geschmorter Kohlrabi mit Polentasoufflé (Abb. S. 81)

Für 4 Personen
4 Kohlrabi, Salz
2 Zwiebeln
2 säuerliche Äpfel
2 EL Olivenöl
(z. B. von Alnatura)
200 ml Apfelsaft
Meersalz
Pfeffer aus der Mühle
1 EL feine Kapern
60 g Butter
60 g getrocknete Tomaten
50 g Polentagrieß
40 g Parmesan, gerieben
1/2 TL getrockneter
Oregano, 2 Eier

Zubereitungszeit
30 Min.
Garzeit
30 Min.
Nährwerte pro Person
442 kcal, 1849 kJ,
14 g EW, 32 g F, 29 g KH

1 Kohlrabi putzen, dabei die zarten, kleinen Blätter aufbewahren. Die Knollen schälen und einen Deckel abschneiden. Dann Kohlrabiköpfe in kochendes, gesalzenes Wasser setzen und darin in 10 – 15 Minuten bissfest garen.

2 Nach der Garzeit Kohlrabi aus dem Sud nehmen und abtropfen lassen. Das Innere bis auf einen 1 cm dicken Rand aushöhlen. Zusammen mit dem Deckel fein würfeln.

3 Die Zwiebeln abziehen und fein würfeln. Äpfel schälen, Kerngehäuse ausschneiden und Fruchtfleisch ebenfalls würfeln. Olivenöl in einem Topf erhitzen und beides darin anschwitzen.

4 Kohlrabiwürfel zugeben und mitdünsten, dann mit Apfelsaft ablöschen. Mit Meersalz und frisch gemahlenem Pfeffer abschmecken. Zusammen mit Kapern sowie der Hälfte der Butter in eine ofenfeste Form geben.

5 Die getrockneten Tomaten klein schneiden. 200 ml gesalzenes Wasser mit restlicher Butter aufkochen.

6 Unter Rühren den Polentagrieß hinzufügen und kurz aufkochen. Parmesan, Tomaten sowie Oregano einrühren und 10 Minuten quellen lassen.

7 Eier trennen. Eiweiß mit 1 Prise Salz steif schlagen. Eigelb in die Polentamasse rühren, Eischnee vorsichtig unterheben.

8 Backofen auf 200 Grad vorheizen. Die Polentamasse zu zwei Drittel in die ausgehöhlten Kohlrabis füllen, diese in die Auflaufform setzen und 30 Minuten im Ofen garen.

9 Beiseitegelegte Kohlrabiblätter grob schneiden und kurz vor dem Servieren über das fertige Gericht streuen.

Käsesoufflés in Tomaten

Für 4 Personen
4 große oder 8 kleinere
Tomaten
Butter für die Form
30 g Butter
4 EL Mehl
1/4 l Milch
Salz, Pfeffer aus der Mühle
4 Eier, getrennt
150 g Greyerzer, gerieben

Nährwerte pro Person
244 kcal, 1021 kJ,
12 g EW, 16 g F, 13 g KH

1 Von den Tomaten je einen Deckel abschneiden und mit einem Löffel das Fruchtfleisch vorsichtig herauslösen. Eine Auflaufform einfetten. Backofen auf 190 Grad vorheizen.

2 Butter in einem Topf zerlassen. Mehl unter Rühren hinzufügen und anschwitzen. Milch unter Rühren angießen und so lange erhitzen, bis die Soße bindet.

3 Soße mit Salz und Pfeffer würzen. Dann unter Rühren abkühlen lassen.

4 Eiweiß mit 1 Prise Salz steif schlagen. Käse und Eigelbe unter die Milchmischung rühren. Eischnee unterheben und Tomaten bis 1 cm unter den Rand mit der Masse füllen.

5 Tomaten im Ofen ca. 20 Minuten backen. Temperatur auf 230 Grad erhöhen und die Soufflés in ca. 10 Minuten fertig backen.

Zubereitungszeit
20 Min.
Garzeit
30 Min.

Kleine Gemüsekuchen

Für 4 Personen
400 g Zucchini
2 rote Paprikaschoten
4 Tomaten
1 Zwiebel
25 g leichte Butter (Rolle, z. B. von Meggle)
Meersalz
Pfeffer aus der Mühle
4 Eier
4 EL Milch
100 g Gruyère, gehobelt

Zubereitungszeit
30 Min.
Garzeit
30 Min.

1 Zucchini waschen und in kleine Stücke schneiden. Paprikaschoten waschen, Kerne und weiße Innenhäute entfernen, Fruchtfleisch in Würfel schneiden.

2 Tomaten 30 Sekunden lang in kochendes Wasser halten, mit kaltem Wasser abschrecken und Haut abziehen. Entkernen und Fruchtfleisch in kleine Würfel schneiden. Zwiebel schälen und klein hacken.

3 Butter in einer Pfanne schmelzen. Zunächst die Zwiebel zugeben, dann nach und nach das übrige Gemüse. Einige Minuten unter Rühren dünsten. Salzen und pfeffern.

4 Backofen auf 200 Grad vorheizen. Eier mit der Milch verquirlen und den gehobelten Gruyère hinzugeben. Mit Salz und Pfeffer würzen. Gemüse dazugeben und gut verrühren.

5 Gemüsemischung in kleine Kuchen- bzw. Souffléformen geben. Im heißen Ofen ca. 30 Minuten im Wasserbad backen. Die Kuchen sind fertig, wenn eine dünne Messerspitze sauber wieder aus dem Teig kommt.

Nährwerte pro Person
285 kcal, 1192 kJ,
20 g EW, 18 g F, 10 g KH

ganz fein

Italienischer Zwiebelkuchen

Für ca. 8 Stücke

Für den Teig:
10 g Hefe
1/4 TL Zucker
125 g Mehl
1/4 TL Salz
2 EL Pflanzencreme

Für den Belag:
700 g Zwiebeln
2 EL Pflanzencreme
Salz
1 TL getrockneter Oregano
200 g Cremefine zum Verfeinern
4 Eier
1 TL Speisestärke
100 g Fontina (halbfester italienischer Schnittkäse)
Pfeffer aus der Mühle
3 EL passierte Tomaten
1 Fleischtomate
100 g grüne Oliven mit Anchovis gefüllt

Zubereitungszeit
40 Min.
Gehzeit
50 Min.
Garzeit
40 Min.
Nährwerte pro Stück
266 kcal, 1113 kJ,
10 g EW, 17 g F, 17 g KH

1 Hefe zerbröckeln und mit Zucker in 6 EL lauwarmem Wasser auflösen. 10 Minuten gehen lassen.

2 Mehl, Salz und Pflanzencreme in eine Rührschüssel geben. Hefeansatz zufügen und mit den Knethaken des Handrührgerätes zu einem glatten Teig verarbeiten. Zugedeckt 40 Minuten gehen lassen.

3 Die Zwiebeln schälen und in halbe Ringe schneiden. Pflanzencreme erhitzen und Zwiebeln ca. 10 Minuten darin dünsten, bis sie weich sind. Mit Salz und Oregano würzen. Abkühlen lassen.

4 Cremefine mit Eiern und Speisestärke glatt rühren. Käse fein reiben und unter die Eiermischung rühren. Dann das Ganze mit Salz und Pfeffer abschmecken.

5 Backofen auf 225 Grad vorheizen. Eine Quicheform mit 28 cm Durchmesser einfetten. Den Teig kurz durchkneten, in der Größe der Form ausrollen. Form damit auslegen und einen Rand hochziehen.

6 Passierte Tomaten auf dem Teig verstreichen. Die Zwiebeln darüber verteilen und mit der Cremefinemasse abdecken.

7 Tomate waschen und Stielansatz herausschneiden. Tomate vierteln und in Scheiben schneiden. Oliven halbieren. Beides auf der Quiche dekorativ verteilen.

8 Quiche im heißen Ofen ca. 40 Minuten backen. Vor dem Anschneiden 10 Minuten stehen lassen.

Tipp

Die Quiche schmeckt auch lauwarm sehr gut. Statt Fontina können Sie auch Appenzeller verwenden.

einfach gut

Gemüse satt

Tipp

Bevor Sie die Pizza in den Ofen schieben, tröpfeln Sie etwas Olivenöl darüber, das macht sie noch aromatischer.

Pizza Verdura

Für 4 Personen

1 Brokkoli
Salz
1 Packung Pizzateig (Kühlregal)
Mehl für die Arbeitsfläche
220 g Tomatensoße mit Tomatenstückchen
100 g Parmesan, frisch gerieben
80 g getrocknete Tomaten in Öl
300 g Champignonscheiben (Glas)
200 g Artischockenherzen (Glas)
250 g Cocktailtomaten
2 rote Zwiebeln
2 Kugeln Mozzarella
Pizzagewürz
1 Bd. Basilikum

1 Backofen auf 200 Grad vorheizen. Brokkoli putzen, waschen, in sehr kleine Röschen teilen. In kochendem Salzwasser 5 Minuten garen und dann gut abtropfen lassen.

2 Pizzateig auf einer bemehlten Arbeitsfläche ausrollen und in 4 Stücke schneiden. Tomatensoße darauf verstreichen; achten Sie darauf, dass das Ganze nicht zu flüssig wird. Dann mit Parmesan bestreuen.

3 Getrocknete Tomaten, Champignonscheiben und Artischockenherzen sehr gut abtropfen lassen. Getrocknete Tomaten in Streifen schneiden, Cocktailtomaten und Artischockenherzen halbieren.

4 Zwiebeln schälen und in Ringe, Mozzarella in Scheiben schneiden. Gemüse und Käse auf den Pizzastücken verteilen und mit Pizzagewürz bestreuen. Ein Backblech mit Backpapier auslegen und Pizzastücke daraufsetzen.

5 Das Ganze in den Ofen schieben und 15 – 20 Minuten backen. Vor dem Servieren Basilikumblätter abzupfen und Pizza damit bestreuen.

Zubereitungszeit
25 Min.
Garzeit
20 Min.
Nährwerte pro Person
756 kcal, 3163 kJ,
36 g EW, 37 g F, 68 g KH

Tipp

Und dazu einen Avocadodip: Schale 1 unbehandelten Limette abreiben, Saft auspressen. 1 große Avocado halbieren und Kern entfernen. Fruchtfleisch mit einem Löffel aus der Schale lösen und in ein hohes Gefäß geben. Mit 200 g aufgetauten TK-Erbsen, 150 g fettarmem Joghurt, 3 EL Limettensaft und Limettenschale pürieren. 1 Zwiebel und 1 Knoblauchzehe schälen und fein hacken. 150 g Kirschtomaten fein würfeln und mit Zwiebel und Knoblauch zum Acocadodip geben. Zum Schluss mit etwas Tabasco, Salz, Pfeffer und 1 Prise Zucker abschmecken.

Genuss pur

Avocado-Frühlingszwiebel-Muffins

Für 12 Stück

Fett für die Form
1 Avocado
1 – 2 TL Zitronensaft
Salz, Pfeffer
1 kleine Knoblauchzehe
5 Frühlingszwiebeln
1 Zweig Thymian
250 g Mehl
2 1/2 TL Backpulver
1/2 TL Natron
100 g Halbfettbutter
(z. B. von Du darfst)
1 Ei
200 ml Buttermilch
50 g Parmesan, gerieben

Nährwerte pro Stück

156 kcal, 650 kJ,
5 g EW, 7 g F, 17 g KH

1 Muffinform fetten und in den Kühlschrank stellen oder Papierförmchen in die Vertiefungen hineinsetzen. Den Backofen auf 180 Grad vorheizen.

2 Avocado schälen, halbieren und den Stein entfernen. 100 g Fruchtfleisch klein würfeln, mit Zitronensaft beträufeln, salzen und pfeffern. Knoblauch schälen, durch die Presse drücken und untermischen.

3 Frühlingszwiebeln putzen, waschen und in feine Ringe schneiden. Thymian waschen, trocken schütteln und die Blättchen abzupfen.

4 In einer Schüssel Mehl, Backpulver, Natron, 1/2 TL Salz, Frühlingszwiebeln und Thymian mischen. In einer zweiten Schüssel weiche Butter, Ei, Buttermilch und Parmesan verquirlen. Avocado zugeben. Die Mehlmischung zufügen und mit einem Kochlöffel nur so lange rühren, bis die trockenen Zutaten feucht sind.

5 Teig in die Vertiefungen der Muffinform füllen und auf der mittleren Schiene ca. 25 Minuten backen. Muffins aus dem Ofen nehmen, in der Form 5 Minuten ruhen lassen, herauslösen und auf einem Kuchengitter abkühlen lassen. Lauwarm oder kalt servieren.

Zubereitungszeit
25 Min.

Garzeit
25 Min.

Pikante Spinatmuffins

Für 12 Stück

Fett für die Form
250 g Spinat
Salz
125 g Butter
250 g Mehl
1/2 TL Paprikapulver edelsüß
Pfeffer aus der Mühle
2 1/2 TL Backpulver
1/2 TL Natron
1 Ei
300 g Joghurt
2 EL frische Kräuter, gehackt
2 – 3 Tomaten
12 grüne Spargelspitzen, blanchiert
12 Stängel Kerbel

1 Muffinform einfetten und in den Kühlschrank stellen oder Papierförmchen hineinsetzen. Backofen auf 180 Grad vorheizen.

2 Spinat waschen, verlesen und tropfnass in wenig kochendem Salzwasser zusammenfallen lassen. Dann abgießen, kalt abschrecken, abtropfen lassen, gut ausdrücken und pürieren.

3 Die Butter zerlassen und abkühlen lassen. In einer Schüssel Mehl, Paprikapulver, etwas Pfeffer, Backpulver und Natron vermischen. In einer zweiten Schüssel Ei verquirlen und mit Joghurt, Spinat, Kräutern und Butter verrühren. Die Mehlmischung dazugeben und rasch unterrühren, bis die trockenen Zutaten feucht sind.

4 Teig in die Vertiefungen der Muffinform füllen und im Ofen (Mitte) 25 – 30 Minuten backen. Muffins noch 5 Minuten in der Form ruhen lassen, dann herausnehmen.

5 Zum Servieren auf Tomatenscheiben anrichten und mit blanchierten Spargelspitzen sowie Kerbel garnieren.

Zubereitungszeit
25 Min.
Garzeit
30 Min.
Nährwerte pro Stück
184 kcal, 773 kJ,
5 g EW, 10 g F, 18 g KH

würzig

Tipp

Backpulver und Natron sollten immer gründlich unter die trockenen Zutaten gerührt werden, damit sie gleichmäßig wirken können. Sollte mal kein Natron zur Hand sein, einfach Backpulvermenge erhöhen.

Fenchelgratin mit Tomatensoße

Für 4 Personen
1 kg Fenchel
Salz
50 g Butter
125 g Sahne
Pfeffer aus der Mühle
100 g Parmesan, gerieben
30 g schwarze Oliven
800 g Tomaten
100 g Zwiebeln
1 Knoblauchzehe
3 EL Olivenöl
1/8 l Weißwein
1 EL Basilikumblättchen, fein geschnitten

Nährwerte pro Person
184 kcal, 773 kJ,
5 g EW, 10 g F, 18 g KH

1 Fenchel putzen und waschen. Fenchelgrün hacken und 1 EL davon beiseitelegen. Knollen vierteln und 10 Minuten in reichlich kochendem Salzwasser garen. Herausnehmen und in einem Sieb abtropfen lassen.

2 Backofen auf 200 Grad vorheizen. Butter in einer Auflaufform zerlassen und den Fenchel hineinlegen. Sahne darübergießen, salzen, pfeffern, mit Parmesan bestreuen und die Oliven darauf verteilen. Fenchel im heißen Ofen ca. 20 Minuten überbacken.

3 Tomaten kreuzweise einritzen, überbrühen, kurz ziehen lassen und häuten. Das Fruchtfleisch ohne Stielansätze in kleine Würfel schneiden. Zwiebeln schälen und fein hacken. Knoblauch schälen und durchpressen.

4 Öl in einer Pfanne erhitzen und die Zwiebeln darin unter Rühren hell anschwitzen. Tomaten und Knoblauch zufügen, salzen und pfeffern. Weißwein angießen und die Soße ca. 20 Minuten leise köcheln lassen, dabei gelegentlich umrühren.

5 Basilikum in die Soße einstreuen. Das Fenchelgratin aus dem Backofen nehmen, mit Fenchelgrün bestreuen und mit der Tomatensoße servieren.

Zubereitungszeit
35 Min.
Garzeit
20 Min.

Zwiebeln mit Hackfleisch-Kräuter-Füllung

Für 4 Personen
4 große Gemüsezwiebeln
Salz
2 EL Butter
350 g gemischtes Hackfleisch
Pfeffer aus der Mühle
2 EL Sahne
4 EL Petersilie, gehackt
Fett für die Form
1/8 l Fleischbrühe

Nährwerte pro Person
296 kcal, 1239 kJ,
20 g EW, 22 g F, 6 g KH

1 Zwiebeln schälen und in leicht gesalzenem Wasser ca. 15 Minuten garen. Dann herausnehmen und in einem Küchensieb abtropfen lassen. Deckel von den Zwiebeln abschneiden und das Innere mit einem kleinen Löffel aushöhlen. Die Hälfte der entnommenen Zwiebelmasse zerkleinern.

2 Butter schmelzen. Zwiebelmasse darin unter Rühren glasig anschwitzen. Dann das Hackfleisch hinzufügen, kräftig anbraten und das Ganze mit Salz und frisch gemahlenem Pfeffer würzen. Sahne und fein gehackte Petersilie unterrühren.

3 Die Masse in die Zwiebeln füllen und diese in eine gefettete Auflaufform setzen. Mit Fleischbrühe übergießen.

4 Zwiebeln bei mittlerer Hitze mit Alufolie zugedeckt im vorgeheizten Backofen bei 180 Grad ca. 35 Minuten schmoren lassen.

Zubereitungszeit
20 Min.
Garzeit
50 Min.

leicht

Zucchiniauflauf mit Minze

Für 4 Personen
4 EL Olivenöl
600 g Zucchini
3 Tomaten
400 g Pizzatomaten (Dose)
1 Zwiebel
2 Knoblauchzehen
Salz
Pfeffer
3 Stängel Minze
200 g Emmentaler, frisch gerieben
50 g Parmesan, frisch gerieben

Nährwerte pro Person
390 kcal, 1632 kJ,
22 g EW, 30 g F, 7 g KH

1 Eine Auflaufform mit 1 EL Öl ausfetten. Zucchini waschen, trocken tupfen, die Enden abschneiden und Gemüse in ca. 1/2 cm dicke Scheiben schneiden. Frische Tomaten waschen, in kleine Würfel schneiden und mit den Pizzatomaten vermischen.

2 Zwiebel und Knoblauch abziehen, beides sehr fein würfeln. Dann 1 EL Öl in einer Pfanne erhitzen und Zwiebel- sowie Knoblauchwürfel darin andünsten. Zur Tomatenmischung geben und übriges Olivenöl unterrühren. Salzen und pfeffern.

3 Backofen auf 200 Grad vorheizen. Minze waschen und trocken schütteln. Von 2 Stängeln die Blätter abzupfen und fein hacken. Diese unter die Tomatensoße mischen.

4 Zucchinischeiben abwechselnd mit der Tomatenmischung dachziegelartig in die Auflaufform schichten. Dazwischen immer etwas Emmentaler geben. Den restlichen Käse zusammen mit dem Parmesan über den Auflauf streuen.

5 Zucchiniauflauf in den Ofen schieben und ca. 20 Minuten goldbraun backen. Restliche Minze in feine Streifen schneiden. Den Auflauf mit Minze bestreut servieren.

Zubereitungszeit
25 Min.
Garzeit
20 Min.

schmeckt nach Sonne

Tipp

Das Auge isst ja bekanntlich mit: Garnieren Sie den Auflauf vor dem Servieren mit frischem Basilikum.

Toskanischer Blumenkohlauflauf

Für 4 Personen

1 kleiner Blumenkohl
Salz
8 getrocknete Tomaten
1 Handvoll Basilikum
1 rote Zwiebel
2 Knoblauchzehen
80 g Pinienkerne
125 g Mascarpone
250 g Sahne (z. B. von Alnatura)
2 Eier
Pfeffer
Muskatnuss, frisch gerieben
50 g Parmesan, frisch gerieben

1 Blumenkohl putzen, waschen und in Röschen teilen. Den festen Strunk abschneiden. In einem großen Topf reichlich Wasser mit Salz zum Kochen bringen. Blumenkohlröschen darin 2 – 3 Minuten kochen lassen, dann eiskalt abschrecken.

2 Die getrockneten Tomaten in Streifen schneiden. Basilikum waschen, trocken tupfen und fein zerkleinern. Zwiebel sowie Knoblauch schälen und hacken. Pinienkerne in einer Pfanne ohne Fett kurz anrösten.

3 Blumenkohl, Tomaten, Basilikum, Zwiebel, Knoblauch und Pinienkerne vermengen. Dann alles in eine hohe Auflaufform geben.

4 Mascarpone mit Sahne und Eiern glatt rühren. Mit Salz, Pfeffer und Muskatnuss würzen und über die Blumenkohlmischung geben. Das Ganze mit Parmesan bestreuen.

5 Form in den kalten Backofen auf die mittlere Schiene stellen. Bei 200 Grad ca. 30 Minuten backen.

Zubereitungszeit
30 Min.
Garzeit
30 Min.
Nährwerte pro Person
579 kcal, 2423 kJ,
24 g EW, 47 g F, 14 g KH

Gefüllte Rosmarintomaten

Für 4 Personen
6 große, feste Fleischtomaten
3 Zweige Rosmarin
12 Scheiben Toastbrot
100 g Emmentaler, gerieben
100 g Parmesan, gerieben
100 ml Milch
1 Ei
Salz
Pfeffer aus der Mühle
Rosmarin zum Garnieren

Zubereitungszeit
20 Min.
Garzeit
15 Min.

1 Tomaten halbieren und mit einem Teelöffel vorsichtig aushöhlen. Den Rosmarin waschen, trocken schütteln und hacken.

2 Brotscheiben leicht toasten. Etwas auskühlen lassen und dann in einer Schüssel zerkrümeln. Mit Emmentaler sowie mit Parmesan vermengen.

3 Milch mit Ei verquirlen. Über die Brot-Käse-Mischung gießen. Mit Salz, frisch gemahlenem Pfeffer und Rosmarin würzen und das Ganze gut vermengen.

4 Den Backofen auf 200 Grad vorheizen. Gewürzte Masse in die 12 Tomatenhälften füllen. Auf ein mit Backpapier ausgelegtes Backblech setzen und das Ganze im Ofen ca. 15 Minuten goldgelb backen.

5 Die gefüllten Rosmarintomaten auf Tellern anrichten und vor dem Servieren mit Rosmarinzweigen garnieren. Heiß servieren.

Nährwerte pro Person
482 kcal, 2017 kJ,
26 g EW, 22 g F, 44 g KH

Kräuteraroma

Tipp

In den Mittelmeerländern wächst Rosmarin als bis zu 2 m hoher, immergrüner Strauch. Von März bis Mai bilden sich kleine, blassblaue oder weißliche Blüten.

Gefüllte Zucchini

Für 4 Personen

500 ml Tomatensaft
1 Brühwürfel für Gemüsebrühe
2 Schalotten
1 Knoblauchzehe
2 EL Olivenöl
160 g Risottoreis (z. B. von Alnatura)
1 EL Tomatenmark
1 TL Rohrohrzucker
250 ml Weißwein
1 Lorbeerblatt
100 g getrocknete Tomaten
120 g Pecorino (alternativ Parmesan)
1 Bd. Oregano
4 große Zucchini
Meersalz
40 g kalte Butter, gewürfelt
Pfeffer aus der Mühle

Zubereitungszeit
40 Min.
Garzeit
15 Min.
Nährwerte pro Person
485 kcal, 2029 kJ,
19 g EW, 22 g F, 42 g KH

1 Den Tomatensaft mit dem Brühwürfel in einen Topf geben und aufkochen. Währenddessen Schalotten sowie Knoblauch abziehen, fein würfeln und in Olivenöl anschwitzen. Risottoreis dazugeben und unter Rühren glasig werden lassen.

2 Tomatenmark sowie Zucker zum Reis geben und kurz anschwitzen. Mit 100 ml Wein ablöschen und mit dem kochenden Tomatenfond aufgießen. Lorbeerblatt hinzufügen und Risotto unter gelegentlichem Rühren ca. 25 Minuten bei kleiner Hitze köcheln lassen.

3 Währenddessen die getrockneten Tomaten klein schneiden und den Pecorino fein reiben. Oregano, bis auf einige Stängel zum Garnieren, von den Stängeln zupfen, waschen, trocken tupfen und hacken.

4 Zucchini kalt abbrausen, trocken tupfen, längs halbieren und aushöhlen. Zucchinihälften in kochendem Salzwasser ca. 5 Minuten garen, dann herausnehmen und abtropfen lassen.

5 Backofen auf 200 Grad vorheizen. Der Reis sollte mit leichtem Biss gar sein, aber noch in sämiger Brühe liegen. Dann Risotto vom Herd nehmen und das Lorbeerblatt entfernen. Getrocknete Tomaten, Oregano, die Hälfte des Pecorinos sowie Butter einrühren. Alles mit Meersalz und Pfeffer abschmecken.

6 Risotto in die gegarten Zucchinihälften füllen und mit restlichem Pecorino bestreuen. Gefüllte Zucchini in eine ofenfeste Form geben, den restlichen Wein angießen und das Ganze 15 Minuten im Ofen garen. Mit Oreganostängeln garnieren und heiß servieren.

Lieblingsessen

Tipp

Ein erfrischender Genuss zu den gefüllten Zucchini ist ein trockener Weißwein. Er passt zu vielen leichten Leckerbissen wie Antipasti, Fisch oder Gemüse.

lecker gefüllt

Mini-Frühlingsstrudel

Für 16 Stück

Für den Teig:
250 g Mehl
1/2 TL Salz
100 g Margarine (z. B. von Sanella)
2 Eier
Für die Füllung:
1 rote Zwiebel
75 g Fetakäse
2 EL Margarine
100 g TK-Blattspinat, aufgetaut
175 g TK-Erbsen, aufgetaut
Salz, Pfeffer
außerdem:
1 Ei
Mehl für die Arbeitsfläche

1 Für den Teig Mehl, Salz, Margarine und Eier mit den Knethaken des Handrührgerätes zu einem glatten Teig verkneten. Dann das Ganze in Klarsichtfolie verpackt ca. 30 Minuten kalt stellen.

2 Für die Füllung Zwiebel schälen und fein würfeln. Feta in kleine Würfel schneiden. Margarine in einer Pfanne schmelzen und Zwiebel darin andünsten.

3 Spinat dazugeben und ca. 10 Minuten zugedeckt dünsten. Die Erbsen hinzufügen und so lange braten, bis die Flüssigkeit verdunstet ist. Feta zugeben und alles mit Salz und Pfeffer würzen.

4 Das übrige Ei trennen. Den Teig nochmals durchkneten und auf einer bemehlten Fläche dünn ausrollen. Backofen auf 200 Grad vorheizen.

5 Den Teig in 16 Quadrate schneiden oder 16 Kreise (ca. 12 cm Durchmesser) ausstechen. Jedes Quadrat bzw. jeden Kreis mit Eiweiß bestreichen.

6 Füllung auf dem Teig verteilen und den Teig so überschlagen, dass Dreiecke oder Halbmonde entstehen. Mini-Strudel auf ein mit Backpapier ausgelegtes Blech legen und mit Eigelb bestreichen. In den Ofen schieben und ca. 25 Minuten backen.

Zubereitungszeit
45 Min.
Garzeit
25 Min.
Nährwerte pro Stück
142 kcal, 594 kJ,
5 g EW, 8 g F, 13 g KH

Tipp

Dazu passt eine Soße oder ein Dip auf Basis von Joghurt und Frühlingskräutern.

Tipp

Dazu schmecken auch Lammkoteletts: 8 Lammstielkoteletts trocken tupfen, mit Salz und Pfeffer würzen. 1 Knoblauchzehe schälen und halbieren. Etwas Öl in einer Pfanne erhitzen und die Koteletts darin mit dem Knoblauch bei mittlerer Hitze von beiden Seiten ca. 5 Minuten braten. Zum Auberginenauflauf servieren.

Spezialität aus Parma

Auberginenauflauf

Für 4 Personen

3 Auberginen, Salz
500 g Tomaten, 1 Möhre
1 Stange Sellerie, 1 Zwiebel
2 Knoblauchzehen
2 EL Olivenöl
1 Bd. Basilikum
1 getrockneter Peperoncino
Pfeffer aus der Mühle
400 g Mozzarella
2 Eier, hart gekocht
20 g Butter, 20 g Mehl
1/8 l Gemüsebrühe
1/8 l Milch
1 Msp. Muskatnuss, frisch gerieben
Fett für die Form
40 g Parmesan, gerieben

Zubereitungszeit
45 Min.
Garzeit
35 Min.
Nährwerte pro Person
531 kcal, 2222 kJ,
33 g EW, 36 g F, 18 g KH

1 Auberginen putzen, waschen und in ca. 1 cm dicke Scheiben schneiden. In eine Schüssel geben, salzen und ca. 30 Minuten Wasser ziehen lassen.

2 Tomaten kreuzweise einritzen, überbrühen, kurz ziehen lassen und häuten. Fruchtfleisch entkernen und ohne Stielansätze klein würfeln. Möhre schälen, putzen und waschen. Sellerie putzen und waschen. Beides in kleine Würfel schneiden.

3 Zwiebel und Knoblauch schälen und hacken. Beides im heißen Öl unter Rühren anbraten, Möhre sowie Sellerie zugeben und kurz mitbraten. Tomaten dazugeben. Backofengrill vorheizen.

4 Basilikum waschen, trocken schütteln, Blättchen abzupfen, die Hälfte in Streifen schneiden und mit dem Peperoncino zur Tomatenmischung geben. Salzen, pfeffern und offen bei mittlerer Hitze ca. 20 Minuten garen.

5 Auberginen mit Küchenpapier trocken tupfen, auf ein mit Backpapier belegtes Blech legen und unter der heißen Grillschlange kurz rösten, dabei einmal wenden. Auberginen herausnehmen, Backofen auf 200 Grad schalten.

6 Mozzarella abtropfen lassen und in Würfel schneiden. Eier pellen und in gleichmäßig dünne Scheiben schneiden.

7 Butter in einem Topf schmelzen und das Mehl darin unter Rühren anschwitzen, bis es goldgelb ist. Gemüsebrühe und Milch mischen und nach und nach unter Rühren zur Mehlmischung geben. Ca. 10 Minuten bei schwacher Hitze köcheln lassen, mit Salz, Pfeffer und Muskatnuss abschmecken.

8 Eine feuerfeste Form ausfetten. Auberginen mit Tomatensoße, Mozzarella, Ei und Parmesan einschichten. Béchamelsoße darübergießen und den Auflauf im heißen Ofen ca. 35 Minuten backen.

Rosenkohl-Kartoffel-Auflauf

Für 4 Personen

600 g Kartoffeln
ca. 28 Rosenkohlröschen
250 ml Gemüsebrühe
Fett für die Form
1 Chilischote
200 g Sahne
2 EL Crème fraîche
1 TL Paprikapulver edelsüß
Salz
Pfeffer

Zubereitungszeit

30 Min.

Garzeit

15 Min.

1 Kartoffeln waschen und in der Schale ca. 20 Minuten dämpfen. Sie sollten noch nicht ganz gar sein.

2 Inzwischen Rosenkohl putzen und waschen. In der Gemüsebrühe ca. 10 Minuten leicht köcheln lassen. Danach abgießen und gut abtropfen lassen. Gemüsebrühe dabei auffangen.

3 Kartoffeln abgießen und kurz ausdampfen lassen. Dann schälen und in Scheiben schneiden. Eine Auflaufform fetten und Kartoffeln dachziegelartig hineinschichten. Rosenkohl darauf verteilen.

4 Backofen auf 180 Grad vorheizen. Chilischote waschen und in feine Ringe schneiden. Sahne mit Crème fraîche, 100 ml der aufbewahrten Gemüsebrühe verrühren, Chili zugeben. Mit Paprikapulver, Salz und Pfeffer abschmecken.

5 Sahnemischung über den Auflauf gießen. Das Ganze in den Ofen schieben und auf mittlerer Schiene ca. 15 Minuten goldbraun backen. Heiß servieren.

Nährwerte pro Person

325 kcal, 1360 kJ,
11 g EW, 18 g F, 30 g KH

Gemüsequiche

Für 4 Personen

200 g Dinkelvollkornmehl
110 g Butter, kalt
100 g Magerquark
Salz
250 g Zwiebeln
2 cm Ingwerwurzel
500 g Brokkoli
Fett für die Form
1 Bd. Petersilie
2 Eier, getrennt
200 g Crème fraîche
100 g magerer Schinken
150 g Emmentaler, gerieben

Zubereitungszeit

30 Min.

Garzeit

40 Min.

1 Mehl mit 100 g kalter Butter in kleinen Stückchen, Quark und Salz zu einem Teig verkneten. In Folie gewickelt mindestens 20 Minuten kühl stellen.

2 In der Zwischenzeit Zwiebeln abziehen und in Streifen schneiden. Ingwer schälen, fein hacken. Brokkoli waschen, den Strunk schälen und klein würfeln. Den Kopf in kleine Röschen zerteilen.

3 Zwiebeln und Ingwer in übriger Butter andünsten, Brokkolistücke und 1 Tasse Wasser zufügen. Zugedeckt 5 Minuten dünsten. Die Brokkoliröschen ca. 5 Minuten mitdünsten.

4 Den Backofen auf 200 Grad vorheizen. Eine Quicheform einfetten, mit Teig auslegen und einen Rand von 3 cm hochziehen. Teig mehrmals einstechen und auf der mittleren Schiene 10 Minuten vorbacken.

5 Petersilie hacken, mit Eigelben und Crème fraîche verquirlen. Schinken würfeln und mit dem Käse unterrühren. Die Eiweiße mit etwas Salz steif schlagen und unterheben. Gemüse auf den Teig geben und Ei-Käse-Masse darauf verteilen.

6 Die Quiche in den Backofen schieben und auf der mittleren Schiene 25 – 30 Minuten backen.

Nährwerte pro Person

514 kcal, 2151 kJ,
23 g EW, 35 g F, 24 g KH

Register

Artischocken mit Aioli und Vinaigrette 24
Asiatische Spinatpfanne 63
Asiatisches Vorspeisengemüse 10
Auberginenauflauf 94
Auberginen-Kartoffel-Ragout in Currysoße 79
Auberginen-Tomaten-Salat mit Knoblauch 35
Avocado-Frühlingszwiebel-Muffins 86
Avocado-Gurken-Suppe 29

Bohnensuppe mit Gemüse 32
Brot-Gemüse-Suppe 26
Bruschetta mit Gemüse 8
Buntes Taboulé 52

Caponata mit Rosinen und Oliven 62
Champignons mit Schafskäsefüllung 12
Champignon-Spargel-Salat 42
Couscous mit Fleisch und Gemüse 52

Deftiger Gemüseeintopf 66

Eiernudeln mit gebratenem Gemüse 50
Erbsensuppe mit Minze 32

Fenchelgratin mit Tomatensoße 88
Frittata mit Pesto 14
Futomaki mit Gemüse 59

Gebratener Gemüsereis 55
Gebratener Gemüsesalat 36
Gedämpfte Wirsing-Pilz-Päckchen 67
Gefüllte Rosmarintomaten 91
Gefüllte Zucchini 92
Gemüsechips 23
Gemüsecurry mit Linsen 72
Gemüsekuchen aus der Pfanne 76
Gemüse mit Sesam 80
Gemüsepaella 60
Gemüsepakora 8
Gemüsepfanne 74
Gemüseplätzchen mit Minzjoghurt 20
Gemüsequiche 95
Gemüsesuppe japanische Art 26
Gemüsewraps 80
Geschmorter Kohlrabi mit Polentasoufflé 82
Glasnudelpfanne mit Tofu und Gemüse 51
Grüne Gemüsepfanne 64
Grüne Spargeltortilla 15
Gurken-Sesam-Salat 39

Indische Gemüsepfanne 69
Italienischer Zwiebelkuchen 84

Käsesoufflés in Tomaten 82
Kichererbsensuppe mit Gemüse 31
Kichererbsen-Zucchini-Pfanne 62
Kleine Gemüsekuchen 83
Kokosreis mit Kidneybohnen 60
Kräutertomaten mit Schafskäse 24
Kürbis-Kichererbsen-Eintopf 70
Kürbisrisotto 54

Lauwarmer grüner Spargelsalat 37
Lauwarmer Tomatensalat 42
Linsensuppe 30

Malfatti 75
Marinierter Spargel mit Gorgonzolapolenta 53
Mascarpone-Kürbis-Terrine 17
Mini-Frühlingssstrudel 93
Mini-Tartes mit Auberginen 21
Möhren-Kokos-Suppe 34

Paprikasalat 41
Pasta mit Ofengemüse 44
Pikante Fladen mit Spinat-Käse-Füllung 16
Pikante Spinatmuffins 87
Pizza Verdura 85

Ratatouille 65
Reisnudeln mit Wirsing und roter Kokossoße 49
Rosenkohl-Kartoffel-Auflauf 95
Rote-Bete-Salat mit Meerrettichcreme 40
Rote-Bete-Suppe mit Zucchini-Walnuss-Ravioli 33
Rote-Bete-Taler 18
Rote-Linsen-Dal 73

Sauerkrauteintopf 68
Schnelle Gemüsepfanne 78
Sommergemüsetörtchen 19
Spaghetti alla Puttanesca 46
Spaghetti mit Blattspinat 45
Spaghetti mit Gemüsesoße 44
Spargeltatar 9
Spinatlasagne 48
Spinatsalat mit kandierten Mandeln 38
Steirische Kürbissuppe 27

Tagliatelle mit grünem Spargel und Avocado 47
Tomaten in Koriandersoße 16
Tomaten mit Reisfüllung 56
Toskanischer Blumenkohlauflauf 90
Toskanische Tomaten-Garnelen-Suppe 28

Vegetarische Kibbeh 13

Wildreisrisotto mit Erbsen 58
Wirsingpfanne 70
Wokgemüse mit Pilzen 77
Wokgemüse mit Sesam-Tofu-Würfeln 71

Zucchiniauflauf mit Minze 89
Zucchiniblüten mit Reisfüllung 57
Zucchini-Cheeseburger 22
Zucchinihäppchen 11
Zwiebeln mit Hackfleisch-Kräuter-Füllung 88

Bildnachweis

Titelbild: StockFood
Inhalt: Almond Board of California: 38, 58, 69; Alnatura: 9, 28, 30, 33, 39, 53, 66, 68, 71, 74, 81, 90, 92; Alpro soya: 14, 34; Bertolli: 61; Bonisolli/Südwest Verlag: 7; Brettschneider/Mosaik Verlag: 37; California Walnut Commission: 29; Du darfst: 86; Fissler: 76; fotolia.com: Svenja98 4 o.r., Tomac 4 l., Xavier Mansuy 5 o. r., Otmar Smit 5 u. r., manolito 6 o. M., A.Zieba 6 u. r.; Galbani: 17, 19, 56; Holz/Südwest Verlag: 41, 94; Kikkoman Trading Europe GmbH: 25, 78; Knorr: 22; Köllnflocken: 20; Livio: 18; Meggle: 83; Mondamin: 43; Rama: 12, 40, 54, 72, 84; Salakis: 36; Sanella: 93; Severin Elektrogeräte GmbH: 5 l.; StockFood: 4 u., 11, 13, 15, 21, 23, 31, 35, 45, 46, 47, 48, 49, 50, 51, 55, 57, 63, 65, 67, 73, 75, 77, 79, 87, 89, 91; The Food Professionals Köhnen GmbH: 59, 85; Villa Masecri: 27; Vitaquell: 10, 64